Herausgegeben von Florian Radvan und Anne Steiner

Johann Wolfgang Goethe

Faust.
Der Tragödie
erster Teil

Bearbeitet von Michael Graef

Literathek

Johann Wolfgang Goethe   **Faust. Der Tragödie erster Teil**

Verlagsredaktion Detlef Langermann
Layout und technische Umsetzung Buchgestaltung+, Berlin
Umschlaggestaltung HOX designgroup, Kay Bach, Köln

Bildquelle: akg-images (S. 6)

www.cornelsen.de

Dieses Werk berücksichtigt die Regeln der reformierten Rechtschreibung und Zeichensetzung. Ausnahmen bilden Originaltexte, bei denen lizenzrechtliche Gründe einer Änderung entgegenstehen.

1. Auflage, 3. Druck 2017

Alle Drucke dieser Auflage sind inhaltlich unverändert und können im Unterricht nebeneinander verwendet werden.

© 2013 Cornelsen Schulverlag GmbH, Berlin
© 2017 Cornelsen Verlag GmbH, Berlin

Das Werk und seine Teile sind urheberrechtlich geschützt.
Jede Nutzung in anderen als den gesetzlich zugelassenen Fällen bedarf der vorherigen schriftlichen Einwilligung des Verlages.
Hinweis zu den §§ 46, 52a UrhG: Weder das Werk noch seine Teile dürfen ohne eine solche Einwilligung eingescannt und in ein Netzwerk eingestellt oder sonst öffentlich zugänglich gemacht werden.
Dies gilt auch für Intranets von Schulen und sonstigen Bildungseinrichtungen.

Druck: AZ Druck und Datentechnik GmbH, Kempten

ISBN 978-3-06-062919-0

PEFC zertifiziert
Dieses Produkt stammt aus nachhaltig
bewirtschafteten Wäldern und kontrollierten
Quellen.

www.pefc.de

PEFC/04-31-2260

Inhalt

Kurzbiografie **6**

Faust

    Zueignung **17**

    Vorspiel auf dem Theater **19**

    Prolog im Himmel **26**

    Der Tragödie erster Teil **31**

Sachinformationen

    Alchemie **202**

    Entelechie **205**

    Hexerei und Hexenverfolgung **206**

    Historischer Faust und Faustbücher **208**

    Kindsmörderinnen **211**

Kurzbiografie

Johann Wolfgang Goethe

»Von Homer bis Goethe ist eine Stunde, von Goethe bis heute vierundzwanzig Stunden […]. Man hört jetzt oft die Frage nach einem ›richtigen‹ Goethebild, das wird es nicht geben, man muss sich damit begnügen, dass hier etwas ins Strömen geraten ist, das verwirrt, nicht zu verstehen ist, aber an die Wüste gewordene Ufer Keime streut –: das ist die Kunst.« (Benn 1950, S. 182)

In diesem Urteil des Dichters Gottfried Benn wiederholt sich eine Strategie, sich der Person Goethe zu nähern, die man schon bei seinen Zeitgenossen beobachten konnte: Goethe wird nicht als Mensch, sondern als Phänomen wahrgenommen, das sich dem Betrachter verschließt. In ihm offenbart sich etwas Höheres, Unbegreifliches, das die Spätergeborenen nur wie ein fernes Mysterium bestaunen können. Das Phänomen Goethe ist zuallererst ein literarisches, aber nicht nur. Denn neben die Bewunderung seines literarischen Werks tritt immer auch das Erstaunen über die vielfältigen Aufgabenbereiche und Wissensgebiete, in denen er sich erprobte und in denen er Außergewöhnliches erreichte.

»Er [Goethe] hat nicht nur mehr getan und gedacht als die meisten Menschen – es sind auch mehr schriftliche Spuren seines Wirkens auf uns gekommen. Sicher, es sind auch andere Zeugnisse von ihm überliefert: es haben sich fast 3000 Zeichnungen von ihm erhalten, dazu das ›Römische Haus‹, das er gebaut, das Schloss, an dessen Wiederaufbau er kräftig mitge-

Kurzbiografie

wirkt, der Park, den er gestaltet hat. [...] Er stand drei Jahre an der Spitze eines Herzogtums, war 25 Jahre lang Theaterdirektor und leitete noch länger eine Universität und eine Kunstakademie. Ein geistreicher Zeitgenosse sah seine bedeutendste Leistung in der hingebungsvollen persönlichen Führung seines acht Jahre jüngeren Landesherrn, den er zu einem der aufgeklärtesten Duodezfürsten erzog [...].« (Boyle 1995, S. 7)

Aber neben alldem zählt natürlich in erster Linie das literarische Werk: Schon mit 24 Jahren wurde Goethe zu einer nationalen und europäischen Berühmtheit. Sein Briefroman *Die Leiden des jungen Werthers* wurde europaweit zum Kultbuch einer Generation, die sich mit dem sentimentalen Titelhelden identifizierte. Dieser Ruhm sollte zeit seines Lebens kaum schwinden. In seinen späten Jahren galt er als uneingeschränkte Autorität im literarischen Leben Deutschlands. Als er 1832 starb, hatte man bereits begonnen, Denkmäler für ihn zu errichten und ihn als größten deutschen Dichter aller Zeiten zu betrachten.

Diese Glorifizierung des gereiften Dichters verdeckt die Widerstände, Mühen und Zweifel, die Goethe zu Beginn seiner Karriere als Schriftsteller überwinden musste. Für den 1749 in Frankfurt am Main als Sohn einer reichen Patrizierfamilie geborenen Johann Wolfgang hatte der Vater durchaus andere Pläne. Er sollte eine standesgemäße Ausbildung erhalten und Jurist werden. Kunst und Kultur waren im Elternhaus geschätzt, allerdings kamen sie allein als Zeitvertreib und Möglichkeit zur Zerstreuung in Betracht. In Leipzig versuchte er, dem ungeliebten Studium zu entgehen. Stattdessen machte er sich u. a. mit den Werken Johann Joachim Winckelmanns bekannt, dessen Forschungen über die Kunst der griechischen Antike damals Aufsehen erregten. Auch begann er, eigene literarische Werke zu produzieren. Aber für diese frühen Schriften, die sich nicht an die damals noch verbindlichen Vorgaben

Johann Wolfgang Goethe

der aufklärerischen Regelpoetik hielten, wurde er von seinem Leipziger Lehrer Christian Fürchtegott Gellert heftig kritisiert. 1769 erschienen die *Neuen Lieder*, vertont von Bernhard Theodor Breitkopf, ohne Nennung seines Namens.

Nach Leipzig folgten das Studium in Straßburg, das Referendariat in Wetzlar und schließlich die Anstellung als Verwaltungsbeamter in Weimar. Jede dieser Stationen blieb geprägt von dem Konflikt zwischen den Ansprüchen, dem eigenen poetischen Talent und den beruflichen Erwartungen des Vaters gerecht werden zu müssen.

Ein für die frühen Jahre bedeutsamer Einfluss ging von der Begegnung mit Johann Gottfried Herder in Straßburg aus, der den jungen Dichter ermutigte, einen eigenen, von den geltenden literarischen Konventionen unabhängigen literarischen Stil zu finden. An die Stelle der strengen Regelpoetik, die Goethe in Leipzig kennengelernt hatte, setzte Herder die Idee des genialen Individuums, das kraft seiner göttlichen Inspiration eine höhere, eigenständige Kunst zu schaffen vermochte. Diese Inspiration konnte das Genie in sich und in der Natur finden. Wahre Kunst konnte nur durch Dichter wie Shakespeare geschaffen werden, nicht durch die Befolgung schablonenhafter Regeln.

Sich mit den Werken Shakespeares auseinandersetzend, gestand Goethe, »dass aus Schäkespearen die Natur weissagt und dass meine Menschen Seifenblasen sind, von Romanengrillen aufgetrieben«. (Goethe 1960, S. 188) Keiner der Schüler Herders kam dem bewunderten Ideal Shakespeares so nahe wie er. In seinen frühen Gedichten *Mailied* (1771), *Prometheus* (1773) und *Ganymed* (1772), aber auch in seinem Briefroman *Die Leiden des jungen Werthers* (1774) und seinem Drama *Götz von Berlichingen* (1773) gelang es Goethe, einen eigenen Ton zu finden, der so in der deutschen Sprache noch nicht zu hören war. Zudem etablierte er durch seine Dichtungen den für spätere Zeiten selbstverständlichen Ge-

Kurzbiografie

danken, dass das eigene Erleben zur Quelle der literarischen Produktion werden konnte. Denn sowohl in seinen Liebes- und Gelegenheitsgedichten als auch im *Werther* verarbeitete Goethe literarisch das, was er zuvor selbst zum Teil leidvoll erfahren hatte. In die Straßburger Zeit mit Herder fiel auch eine erste intensivere Beschäftigung mit dem Fauststoff. Goethe kannte das Puppenspiel schon seit seiner Kindheit . Es »summte gar vieltönig in mir wider«, schrieb er in *Dichtung und Wahrheit:* »Auch ich hatte mich in allem Wissen umhergetrieben und war früh genug auf die Eitelkeit desselben hingewiesen worden.« (Goethe 1988, S. 413)

Die wohl wichtigste Entscheidung, von der Goethe bis auf kurze Unterbrechungen zeitlebens nicht mehr abwich, traf er im Jahr 1775, als er dem Werben des jungen Weimarer Erbprinzen Carl August nachgab und an dessen Hof übersiedelte. Hier war ein erster Entwurf des *Faust* bereits fertig. Goethe hatte ihn »auf Postpapier geschrieben«, wie er seinem Vertrauten Johann Peter Eckermann 1829 gestand. In den ersten Jahren entstanden wegen der intensiven Inanspruchnahme durch die Aufgaben am Hof nur kürzere Werke – vor allem für das »Liebhabertheater«, das er nebenbei leitete. Auf einer seiner Lesungen am Weimarer Hof wird er aber auch sein Manuskript zum Faust vorgelesen und es einer Hofdame zum Abschreiben gegeben haben, wie er es gewöhnlich tat. Denn 1887 fand man im Nachlass dieser Hofdame, Louise von Göchhausen, die Abschrift des nun *Urfaust* genannten Manuskripts. Goethe selbst hatte seines vernichtet.

Unterbrochen wurde die erste Weimarer Phase im Jahr 1786, als Goethe seinen lange gehegten Wunsch erfüllte, sich der Routine der täglichen Amtsgeschäfte und des Hoflebens durch eine Reise nach Italien zu entziehen: Während des zweijährigen Aufenthalts studierte er dort im Sinne Winckelmanns die klassischen Kunstwerke, übte sich als Zeichner und vollendete seine in Weimar begonnenen Werke: die Dramen *Iphigenie*

Johann Wolfgang Goethe

(1787) und *Egmont* (1787). Dokument dieser Italienerfahrung sind die Tagebuchaufzeichnungen, die Goethe erst 1826 unter dem Titel *Italienische Reise* veröffentlichte. Noch in Italien schrieb er an Karl August: »Nun steht mir fast nichts als der Hügel ›Tasso‹ und der Berg ›Faustus‹ vor der Nase. Ich werde weder Tag noch Nacht ruhen, bis beide fertig sind. Ich habe zu beiden eine sonderbare Neigung und neuerdings wunderbare Aussichten und Hoffnungen.« (Goethe 2012, S. 248) Das Schauspiel *Torquato Tasso* erschien 1790, den Faust ließ Goethe lediglich als Fragment abdrucken.

Direkt nach seiner Rückkehr nach Weimar lernte Goethe bei einem Fest den jüngeren Dichter Friedrich Schiller kennen. Diese Begegnung endete nicht so, wie die Gastgeber gehofft hatten: Die wechselseitige Sympathie war zwar vorhanden, aber die beiden Dichter blieben zuerst in respektvoller Distanz. Schiller schrieb an seinen Freund Christian Gottfried Körner nach diesem Treffen über Goethe: »Im Ganzen genommen ist meine in der Tat hohe Idee von ihm nach dieser persönlichen Bekanntschaft nicht vermindert worden; aber ich zweifle, ob wir einander sehr nahe rücken werden.« (Döring 1846 I, S. 225 f.) Nach diesem Aufeinandertreffen dauerte es tatsächlich noch einige Jahre, bis die beiden Dichter eine epochemachende Freundschaft schlossen. Im Jahre 1794 gelang es ihnen, die wechselseitige Skepsis zu überwinden. Schiller schrieb an Goethe: »Nun kann ich aber hoffen, dass wir, so viel von dem Wege noch übrig sein mag, in Gemeinschaft durchwandeln werden und mit umso größerem Gewinn, da die letzten Gefährten auf einer Reise sich immer am meisten zu sagen haben.« (Döring 1846 II, S. 60.) Sie begründeten – ausgehend von dem gemeinsamen Projekt der Literaturzeitung »Die Horen« – ein eigenes Kunstprogramm, das dazu dienen sollte, eine höhere und freiere Gesellschaft aus dem Geiste der Kunst zu schaffen. Das Leitbild, das Goethe und Schiller ihrer durch die Französische Revolution erschütterten Zeit entgegenhal-

Kurzbiografie

ten wollten, war die griechische Antike, in der sie das Ideal einer gelingenden menschlichen Lebensführung erkannten. Winckelmanns klassische Formulierung, der Charakter der antiken Griechen zeichne sich durch seine »edle Einfalt und [...] stille Größe« aus (Winckelmann 1969, S. 20), wird von Goethe und Schiller wieder aufgenommen. Dieses harmonische, ganzheitliche Menschenbild versuchten die Autoren den entfremdeten und zergliederten modernen Lebensbedingungen entgegenzusetzen.

»Der Mensch vermag gar manches durch zweckmäßigen Gebrauch einzelner Kräfte, er vermag das Außerordentliche durch Verbindung mehrerer Fähigkeiten; aber das Einzige, ganz Unerwartete leistet er nur, wenn sich die sämtlichen Eigenschaften gleichmäßig in ihm vereinigen. Das Letzte war das glückliche Los der Alten, besonders der Griechen in ihrer besten Zeit; auf die beiden ersten sind wir Neuern vom Schicksal angewiesen.« (Goethe 1805, S. 482 f.)

Die Freundschaft prägte bis zu Schillers Tod im Jahr 1805 ihr Schaffen. Goethes Dichtungen dieser Jahre entstanden immer im Gespräch und in kritischer Auseinandersetzung mit Schiller. Die wichtigsten Werke dieser Epoche waren der Roman *Wilhelm Meister* (1796), die gemeinsam mit Schiller verfassten *Xenien* (1796), das Versepos *Hermann und Dorothea* (1796), das Trauerspiel *Die natürliche Tochter* (1803) und der Gedichtzyklus *Römische Elegien* (1795).

Immer wieder ging es in der Korrespondenz zwischen beiden um die Faustdichtung. So bat Schiller 1794, die noch nicht veröffentlichen Teile des Faust lesen zu dürfen. Goethe schrieb kleinlaut zurück: »... ich wage nicht, das Paket aufzuschnüren, das ihn gefangen hält...«. (Döring 1837, S. 45) Noch im August 1795 kündigte Schiller in einem Brief an Wilhelm von Humboldt an, Goethe werde für die *Horen* einen Ausschnitt aus dem Drama zur Verfügung stellen. Der Weimarer Dichterfürst zog seine Zusage aber bald wieder zurück. Erst 1797

Johann Wolfgang Goethe

kündigte er Schiller gegenüber an, an seiner Tragödie weiterzuarbeiten. Dieser schrieb zurück: »Wenn Sie jetzt wirklich an den Faust gehen, so zweifle ich auch nicht mehr an seiner völligen Ausführung, welches mich sehr erfreut.« (Döring 1835, S. 283) Schiller sollte recht behalten, aber die Veröffentlichung im Jahr 1808 nicht mehr erleben.
Die Beschäftigung Goethes mit dem Faust war damit jedoch noch nicht abgeschlossen. Ähnlich wie die zweite große Figur, der Wilhelm Meister, sollte die Arbeit am Faust ihn bis zu seinem Tod begleiten. Der zweite Teil des Faust erschien erst nach Goethes Tod 1832.
Nach Schillers Tod verlor Weimar seinen Status als kulturelles Zentrum Deutschlands. Auch Herder und die Fürstin Anna Amalia starben, die Romantiker verließen das nahegelegene Jena, und Goethe besuchte immer häufiger die Bäder Marienbad, Karlsbad und Teplitz. Das vielleicht Überraschendste an der späten Schaffensperiode Goethes ist, dass er sich immer wieder neuen literarischen Tendenzen öffnete, sie adaptierte und weiterentwickelte. Dies gelang ihm sowohl in seinem die literarische Moderne ankündigenden Roman *Die Wahlverwandtschaften* (1809) als auch in dem Gedichtzyklus *West-östlicher Divan* (1827), in dem sich Goethe an der orientalischen Poesie orientierte, die damals in Mode gekommen war.
Anders als die meisten Autoren vor und nach ihm hat Goethe bis zu seinem Tod im Jahr 1832 Meisterwerke in allen literarischen Gattungen veröffentlicht. Daneben stehen zudem seine naturwissenschaftlichen Schriften, hier besonders seine *Farbenlehre* (1810), auf die er besonders stolz war. Dieses Strömende, das uns – wie Benn sagt – an Goethe verwirrt und das nicht zu verstehen ist, hat auch schon Schiller empfunden. In einem Brief an Goethe gestand er, nachdem er den Entwurf zum *Wilhelm Meister* gelesen hatte, dass auch er sich Stunden entfernt von Goethe fühlte: »Wie lebhaft, habe ich bei dieser Gelegenheit erfahren, dass das Vortreffliche eine Macht ist,

Kurzbiografie

dass es auf selbstsüchtige Gemüter nur als eine Macht wirken kann, dass es, dem Vortrefflichen gegenüber keine Freiheit gibt als die Liebe.« (Schiller 1796, S. 78)

Literatur

Benn, Gottfried: Doppelleben. Wiesbaden: Limes Verlag 1950.

Boyle, Nicholas: Goethe. München: Beck 1995.

Briefwechsel zwischen Schiller und Goethe in den Jahren 1794 bis 1805. Zweyter Theil vom Jahre 1796. Stuttgart: Verlag der Cotta'schen Buchhandlung 1828.

Döring, Heinrich (Hrsg.): Goethes Briefe in den Jahren 1768 bis 1832. Leipzig: Julius Wunder 1837.

Döring, Heinrich (Hrsg.): Schillers Briefe. Erster Band. Altenburg: Pierer 1846, S. 225 f.

Goethe, Johann Wolfgang: Zum Schäkespears Tag. In: Werke. Berliner Ausgabe, Band 17. Berlin: Aufbau 1960 ff.

Goethe, Johann Wolfgang: Briefe. Historisch-kritische Ausgabe. 18. September 1786–10. Juni 1788. Berlin: Akademie Verlag 2012.

Goethe, Johann Wolfgang: Dichtung und Wahrheit. In: Hamburger Ausgabe, Band 9. München: DTV 1988.

Goethe, Johann Wolfgang von: Winckelmann und sein Jahrhundert (1805). In: Berliner Ausgabe. Kunsttheoretische Schriften und Übersetzungen, Band 19. Berlin und Weimar: Aufbau 1960 ff.

Winckelmann, Johann Joachim: Gedanken über die Nachahmung der griechischen Werke in der Malerei und Bildhauerkunst (1756). In: Winckelmanns Werke in einem Band, herausgegeben von Helmut Holtzhauer. Berlin und Weimar: Aufbau 1969.

Johann Wolfgang Goethe

Faust.
Der Tragödie
erster Teil

Zueignung

Ihr naht euch wieder, schwankende Gestalten,
Die früh sich einst dem trüben Blick gezeigt.
Versuch ich wohl, euch diesmal festzuhalten?
Fühl ich mein Herz noch jenem Wahn geneigt?
Ihr drängt euch zu! nun gut, so mögt ihr walten,
Wie ihr aus Dunst und Nebel um mich steigt;
Mein Busen fühlt sich jugendlich erschüttert
Vom Zauberhauch, der euren Zug umwittert.

Ihr bringt mit euch die Bilder froher Tage,
Und manche liebe Schatten steigen auf;
Gleich einer alten, halbverklungnen Sage
Kommt erste Lieb' und Freundschaft mit herauf;
Der Schmerz wird neu, es wiederholt die Klage
Des Lebens labyrinthisch irren Lauf,
Und nennt die Guten, die, um schöne Stunden
Vom Glück getäuscht, vor mir hinweggeschwunden.

Sie hören nicht die folgenden Gesänge,
Die Seelen, denen ich die ersten sang;
Zerstoben ist das freundliche Gedränge,
Verklungen, ach! der erste Widerklang.
Mein Lied ertönt der unbekannten Menge,
Ihr Beifall selbst macht meinem Herzen bang,
Und was sich sonst an meinem Lied erfreuet,
Wenn es noch lebt, irrt in der Welt zerstreuet.

Und mich ergreift ein längst entwöhntes Sehnen
Nach jenem stillen, ernsten Geisterreich,
Es schwebet nun in unbestimmten Tönen
Mein lispelnd Lied, der Äolsharfe gleich,
Ein Schauer fasst mich, Träne folgt den Tränen,

---

schwankende Gestalten: die dichterischen Formen

Äolsharfe: Saiteninstrument, das durch den Wind zum Klingen gebracht wird

30 Das strenge Herz, es fühlt sich mild und weich;
    Was ich besitze, seh ich wie im Weiten,
    Und was verschwand, wird mir zu Wirklichkeiten.

Vorspiel auf dem Theater

Direktor. Theaterdichter. Lustige Person.

DIREKTOR:
Ihr beiden, die ihr mir so oft,
In Not und Trübsal beigestanden,
Sagt, was ihr wohl in deutschen Landen
Von unsrer Unternehmung hofft?
Ich wünschte sehr der Menge zu behagen,
Besonders weil sie lebt und leben lässt.
Die Pfosten sind, die Bretter aufgeschlagen,
Und jedermann erwartet sich ein Fest.
Sie sitzen schon, mit hohen Augenbraunen,
Gelassen da und möchten gern erstaunen.
Ich weiß, wie man den Geist des Volks versöhnt;
Doch so verlegen bin ich nie gewesen:
Zwar sind sie an das Beste nicht gewöhnt,
Allein sie haben schrecklich viel gelesen.
Wie machen wir's, dass alles frisch und neu
Und mit Bedeutung auch gefällig sei?
Denn freilich mag ich gern die Menge sehen,
Wenn sich der Strom nach unsrer Bude drängt
Und mit gewaltig wiederholten Wehen
Sich durch die enge Gnadenpforte zwängt,
Bei hellem Tage, schon vor vieren,
Mit Stößen sich bis an die Kasse ficht
Und, wie in Hungersnot um Brot an Bäckertüren,
Um ein Billett sich fast die Hälse bricht.
Dies Wunder wirkt auf so verschiedne Leute
Der Dichter nur; mein Freund, o tu es heute!

DICHTER:
O sprich mir nicht von jener bunten Menge,
Bei deren Anblick uns der Geist entflieht.
Verhülle mir das wogende Gedränge,

> mit hohen Augenbraunen: mit kritisch-skeptischer Haltung

> Billett: Eintrittskarte

Vorspiel auf dem Theater

Das wider Willen uns zum Strudel zieht.
Nein, führe mich zur stillen Himmelsenge,
Wo nur dem Dichter reine Freude blüht,
65 Wo Lieb' und Freundschaft unsres Herzens Segen
Mit Götterhand erschaffen und erpflegen.   *erpflegen: durch Pflege fördern*
Ach! was in tiefer Brust uns da entsprungen,
Was sich die Lippe schüchtern vorgelallt,
Missraten jetzt und jetzt vielleicht gelungen,
70 Verschlingt des wilden Augenblicks Gewalt.
Oft, wenn es erst durch Jahre durchgedrungen,
Erscheint es in vollendeter Gestalt.
Was glänzt, ist für den Augenblick geboren,
Das Echte bleibt der Nachwelt unverloren.

LUSTIGE PERSON:
75 Wenn ich nur nichts von Nachwelt hören sollte.
Gesetzt, dass ich von Nachwelt reden wollte,
Wer machte denn der Mitwelt Spaß?
Den will sie doch und soll ihn haben.
Die Gegenwart von einem braven Knaben
80 Ist, dächt ich, immer auch schon was.
Wer sich behaglich mitzuteilen weiß,
Den wird des Volkes Laune nicht erbittern;
Er wünscht sich einen großen Kreis,
Um ihn gewisser zu erschüttern.
85 Drum seid nur brav und zeigt euch musterhaft,
Lasst Fantasie mit allen ihren Chören,
Vernunft, Verstand, Empfindung, Leidenschaft,
Doch, merkt euch wohl! nicht ohne Narrheit hören!

DIREKTOR:
Besonders aber lasst genug geschehn!
90 Man kommt zu schaun, man will am liebsten sehn.
Wird vieles vor den Augen abgesponnen,
Sodass die Menge staunend gaffen kann,
Da habt Ihr in der Breite gleich gewonnen,

Vorspiel auf dem Theater

Ihr seid ein vielgeliebter Mann.
95 Die Masse könnt Ihr nur durch Masse zwingen,
Ein jeder sucht sich endlich selbst was aus.
Wer vieles bringt, wird manchem etwas bringen;
Und jeder geht zufrieden aus dem Haus.
Gebt Ihr ein Stück, so gebt es gleich in Stücken!
100 Solch ein Ragout, es muss Euch glücken;
Leicht ist es vorgelegt, so leicht als ausgedacht.
Was hilft's, wenn Ihr ein Ganzes dargebracht,
Das Publikum wird es Euch doch zerpflücken.

in Stücken: Bezug zum eigenen Drama, das selbst in zwei Stücken veröffentlicht wurde

DICHTER:
Ihr fühlet nicht, wie schlecht ein solches Handwerk sei!
105 Wie wenig das dem echten Künstler zieme!
Der saubern Herren Pfuscherei
Ist, merk ich, schon bei Euch Maxime.

DIREKTOR:
Ein solcher Vorwurf lässt mich ungekränkt:
Ein Mann, der recht zu wirken denkt,
110 Muss auf das beste Werkzeug halten.
Bedenkt, Ihr habet weiches Holz zu spalten,
Und seht nur hin, für wen Ihr schreibt!
Wenn diesen Langeweile treibt,
Kommt jener satt vom übertischten Mahle,
115 Und, was das Allerschlimmste bleibt,
Gar mancher kommt vom Lesen der Journale.
Man eilt zerstreut zu uns, wie zu den Maskenfesten,
Und Neugier nur beflügelt jeden Schritt;
Die Damen geben sich und ihren Putz zum Besten
120 Und spielen ohne Gage mit.
Was träumet Ihr auf Eurer Dichterhöhe?
Was macht ein volles Haus Euch froh?
Beseht die Gönner in der Nähe!
Halb sind sie kalt, halb sind sie roh.
125 Der, nach dem Schauspiel, hofft ein Kartenspiel,

halb sind sie kalt, halb sind sie roh: gleichgültig, leidenschaftslos

Vorspiel auf dem Theater

Der eine wilde Nacht an einer Dirne Busen.
Was plagt ihr armen Toren viel,
Zu solchem Zweck, die holden Musen?
Ich sag Euch, gebt nur mehr und immer, immer mehr,
So könnt Ihr Euch vom Ziele nie verirren.
Sucht nur die Menschen zu verwirren,
Sie zu befriedigen, ist schwer – –
Was fällt Euch an? Entzückung oder Schmerzen?

DICHTER:
Geh hin und such dir einen andern Knecht!
Der Dichter sollte wohl das höchste Recht,
Das Menschenrecht, das ihm Natur vergönnt,
Um deinetwillen freventlich verscherzen!
Wodurch bewegt er alle Herzen?
Wodurch besiegt er jedes Element?
Ist es der Einklang nicht, der aus dem Busen dringt
Und in sein Herz die Welt zurücke schlingt?
Wenn die Natur des Fadens ew'ge Länge,
Gleichgültig drehend, auf die Spindel zwingt,
Wenn aller Wesen unharmon'sche Menge
Verdrießlich durcheinanderklingt,
Wer teilt die fließend immer gleiche Reihe
Belebend ab, dass sie sich rhythmisch regt?
Wer ruft das Einzelne zur allgemeinen Weihe,
Wo es in herrlichen Akkorden schlägt?
Wer lässt den Sturm zu Leidenschaften wüten?
Das Abendrot im ernsten Sinne glühn?
Wer schüttet alle schönen Frühlingsblüten
Auf der Geliebten Pfade hin?
Wer flicht die unbedeutend grünen Blätter
Zum Ehrenkranz Verdiensten jeder Art?
Wer sichert den Olymp? vereinet Götter?
Des Menschen Kraft, im Dichter offenbart.

Was fällt Euch an?: Was denkt Ihr Euch?

freventlich: frevelhaft

gleichgültig: gleichmäßig

Wer sichert den Olymp?: Vorstellung, dass die Dichter durch ihre Werke die Existenz der Götter bewahren

Vorspiel auf dem Theater

LUSTIGE PERSON:
So braucht sie denn, die schönen Kräfte,
Und treibt die dichtrischen Geschäfte,
Wie man ein Liebesabenteuer treibt.
Zufällig naht man sich, man fühlt, man bleibt,
Und nach und nach wird man verflochten;
Es wächst das Glück, dann wird es angefochten,
Man ist entzückt, nun kommt der Schmerz heran,
Und eh' man sich's versieht, ist's eben ein Roman.
Lasst uns auch so ein Schauspiel geben!
Greift nur hinein ins volle Menschenleben!
Ein jeder lebt's, nicht vielen ist's bekannt,
Und wo ihr's packt, da ist's interessant.
In bunten Bildern wenig Klarheit,
Viel Irrtum und ein Fünkchen Wahrheit,
So wird der beste Trank gebraut,
Der alle Welt erquickt und auferbaut.
Dann sammelt sich der Jugend schönste Blüte
Vor eurem Spiel und lauscht der Offenbarung,
Dann sauget jedes zärtliche Gemüte
Aus eurem Werk sich melanchol'sche Nahrung,
Dann wird bald dies, bald jenes aufgeregt,
Ein jeder sieht, was er im Herzen trägt.
Noch sind sie gleich bereit, zu weinen und zu lachen,
Sie ehren noch den Schwung, erfreuen sich am Schein;
Wer fertig ist, dem ist nichts recht zu machen;
Ein Werdender wird immer dankbar sein.

DICHTER:
So gib mir auch die Zeiten wieder,
Da ich noch selbst im Werden war,
Da sich ein Quell gedrängter Lieder
Ununterbrochen neu gebar,
Da Nebel mir die Welt verhüllten,
Die Knospe Wunder noch versprach,

Roman: bedeutet hier nur »Liebesabenteuer«, ist also auch als Drama denkbar

Vorspiel auf dem Theater

190 Da ich die tausend Blumen brach,
Die alle Täler reichlich füllten.
Ich hatte nichts und doch genug:
Den Drang nach Wahrheit und die Lust am Trug.
Gib ungebändigt jene Triebe,
195 Das tiefe, schmerzenvolle Glück,
Des Hasses Kraft, die Macht der Liebe,
Gib meine Jugend mir zurück!

Lust am Trug: Freude an der dichterischen Imagination

LUSTIGE PERSON:
Der Jugend, guter Freund, bedarfst du allenfalls,
Wenn dich in Schlachten Feinde drängen,
200 Wenn mit Gewalt an deinen Hals
Sich allerliebste Mädchen hängen,
Wenn fern des schnellen Laufes Kranz
Vom schwer erreichten Ziele winket,
Wenn nach dem heft'gen Wirbeltanz
205 Die Nächte schmausend man vertrinket.
Doch ins bekannte Saitenspiel
Mit Mut und Anmut einzugreifen,
Nach einem selbstgesteckten Ziel
Mit holdem Irren hinzuschweifen,
210 Das, alte Herrn, ist eure Pflicht,
Und wir verehren euch darum nicht minder.
Das Alter macht nicht kindisch, wie man spricht,
Es findet uns nur noch als wahre Kinder.

Kranz: Siegerkranz, der bei den antiken Olympischen Spielen im Ziel aufgehängt wurde

DIREKTOR:
Der Worte sind genug gewechselt,
215 Lasst mich auch endlich Taten sehn!
Indes ihr Komplimente drechselt,
Kann etwas Nützliches geschehn.
Was hilft es, viel von Stimmung reden?
Dem Zaudernden erscheint sie nie.
220 Gebt ihr euch einmal für Poeten,
So kommandiert die Poesie.

Vorspiel auf dem Theater

Euch ist bekannt, was wir bedürfen:
Wir wollen stark Getränke schlürfen;
Nun braut mir unverzüglich dran!
²²⁵ Was heute nicht geschieht, ist morgen nicht getan,
Und keinen Tag soll man verpassen.
Das Mögliche soll der Entschluss
Beherzt sogleich beim Schopfe fassen,
Er will es dann nicht fahren lassen
²³⁰ Und wirket weiter, weil er muss.
Ihr wisst, auf unsern deutschen Bühnen
Probiert ein jeder, was er mag;
Drum schonet mir an diesem Tag
Prospekte nicht und nicht Maschinen.
²³⁵ Gebraucht das groß' und kleine Himmelslicht,
Die Sterne dürfet ihr verschwenden;
An Wasser, Feuer, Felsenwänden,
An Tier' und Vögeln fehlt es nicht.
So schreitet in dem engen Bretterhaus
²⁴⁰ Den ganzen Kreis der Schöpfung aus
Und wandelt mit bedächt'ger Schnelle
Vom Himmel durch die Welt zur Hölle!

Prospekte nicht und nicht Maschinen: Gemeint sind gemalte Bühnenhintergründe und Apparaturen, mit deren Hilfe Wind, Donner und Licht hergestellt werden können.

Prolog im Himmel

Der Herr. Die himmlischen Heerscharen.
Nachher Mephistopheles.
Die drei Erzengel treten vor.

RAPHAEL:
    Die Sonne tönt nach alter Weise
    In Brudersphären Wettgesang,
245   Und ihre vorgeschriebne Reise
    Vollendet sie mit Donnergang.
    Ihr Anblick gibt den Engeln Stärke,
    Wenn keiner sie ergründen mag;
    Die unbegreiflich hohen Werke
250   Sind herrlich wie am ersten Tag.

GABRIEL:
    Und schnell und unbegreiflich schnelle
    Dreht sich umher der Erde Pracht;
    Es wechselt Paradieseshelle
    Mit tiefer, schauervoller Nacht;
255   Es schäumt das Meer in breiten Flüssen
    Am tiefen Grund der Felsen auf,
    Und Fels und Meer wird fortgerissen
    In ewig schnellem Sphärenlauf.

MICHAEL:
    Und Stürme brausen um die Wette,
260   Vom Meer aufs Land, vom Land aufs Meer,
    Und bilden wütend eine Kette
    Der tiefsten Wirkung rings umher.
    Da flammt ein blitzendes Verheeren
    Dem Pfade vor des Donnerschlags;
265   Doch deine Boten, Herr, verehren
    Das sanfte Wandeln deines Tags.

Brudersphären Wettgesang: Schon in der Antike ging man davon aus, dass durch die Bewegung der Himmelskörper kosmische, für den Menschen unhörbare Harmonien entstehen, die »Sphärenmusik«

wütend: vernichtend, zerstörend

ZU DREI:
Der Anblick gibt den Engeln Stärke,
Da keiner dich ergründen mag,
Und alle deine hohen Werke
Sind herrlich wie am ersten Tag.

MEPHISTOPHELES:
Da du, o Herr, dich einmal wieder nahst
Und fragst, wie alles sich bei uns befinde,
Und du mich sonst gewöhnlich gerne sahst,
So siehst du mich auch unter dem Gesinde.
Verzeih, ich kann nicht hohe Worte machen,
Und wenn mich auch der ganze Kreis verhöhnt;
Mein Pathos brächte dich gewiss zum Lachen,
Hättst du dir nicht das Lachen abgewöhnt.
Von Sonn und Welten weiß ich nichts zu sagen,
Ich sehe nur, wie sich die Menschen plagen.
Der kleine Gott der Welt bleibt stets von gleichem Schlag, *der kleine Gott der Welt: der Mensch*
Und ist so wunderlich als wie am ersten Tag.
Ein wenig besser würd er leben,
Hättst du ihm nicht den Schein des Himmelslichts gegeben;
Er nennt's Vernunft und braucht's allein,
Nur tierischer als jedes Tier zu sein.
Er scheint mir, mit Verlaub von Euer Gnaden,
Wie eine der langbeinigen Zikaden, *Zikade: Insekt*
Die immer fliegt und fliegend springt
Und gleich im Gras ihr altes Liedchen singt;
Und läg er nur noch immer in dem Grase!
In jeden Quark begräbt er seine Nase.

DER HERR:
Hast du mir weiter nichts zu sagen?
Kommst du nur immer anzuklagen?
Ist auf der Erde ewig dir nichts recht?

Prolog im Himmel

MEPHISTOPHELES:
Nein, Herr! ich find es dort, wie immer, herzlich schlecht.
Die Menschen dauern mich in ihren Jammertagen,   *dauern mich: tun mir leid*
Ich mag sogar die armen selbst nicht plagen.
DER HERR:
Kennst du den Faust?
MEPHISTOPHELES:
Den Doktor?
DER HERR:
Meinen Knecht.
MEPHISTOPHELES:
300 Fürwahr! er dient Euch auf besondre Weise.
Nicht irdisch ist des Toren Trank noch Speise.
Ihn treibt die Gärung in die Ferne,   *Gärung: Die Gärung des Weins muss hier als Vervollkommnungsprozess verstanden werden.*
Er ist sich seiner Tollheit halb bewusst;
Vom Himmel fordert er die schönsten Sterne
305 Und von der Erde jede höchste Lust,
Und alle Näh' und alle Ferne
Befriedigt nicht die tiefbewegte Brust.
DER HERR:
Wenn er mir jetzt auch nur verworren dient,
So werd ich ihn bald in die Klarheit führen.
310 Weiß doch der Gärtner, wenn das Bäumchen grünt,
Dass Blüt' und Frucht die künft'gen Jahre zieren.
MEPHISTOPHELES:
Was wettet Ihr? Den sollt Ihr noch verlieren,
Wenn Ihr mir die Erlaubnis gebt,
Ihn meine Straße sacht zu führen.
DER HERR:
315 Solang' er auf der Erde lebt,
So lange sei dir's nicht verboten.
Es irrt der Mensch, solang' er strebt.   *streben: nach dem Höchsten und Vollkommenen suchen*

Prolog im Himmel

MEPHISTOPHELES:
>Da dank ich Euch; denn mit den Toten
>Hab ich mich niemals gern befangen.
>Am meisten lieb ich mir die vollen, frischen Wangen.
>Für einen Leichnam bin ich nicht zu Haus,
>Mir geht es wie der Katze mit der Maus.

DER HERR:
>Nun gut, es sei dir überlassen!
>Zieh diesen Geist von seinem Urquell ab,
>Und führ' ihn, kannst du ihn erfassen,
>Auf deinem Wege mit herab,
>Und steh beschämt, wenn du bekennen musst:
>Ein guter Mensch in seinem dunklen Drange
>Ist sich des rechten Weges wohl bewusst.

MEPHISTOPHELES:
>Schon gut! nur dauert es nicht lange.
>Mir ist für meine Wette gar nicht bange.
>Wenn ich zu meinem Zweck gelange,
>Erlaubt Ihr mir Triumph aus voller Brust.
>Staub soll er fressen, und mit Lust,
>Wie meine Muhme, die berühmte Schlange.

DER HERR:
>Du darfst auch da nur frei erscheinen;
>Ich habe deinesgleichen nie gehasst.
>Von allen Geistern, die verneinen,
>Ist mir der Schalk am wenigsten zur Last.
>Des Menschen Tätigkeit kann allzu leicht erschlaffen,
>Er liebt sich bald die unbedingte Ruh;
>Drum geb ich gern ihm den Gesellen zu,
>Der reizt und wirkt und muss als Teufel schaffen. –
>Doch ihr, die echten Göttersöhne,
>Erfreut euch der lebendig reichen Schöne!
>Das Werdende, das ewig wirkt und lebt,
>Umfass euch mit der Liebe holden Schranken,

Muhme: veralteter Begriff für Tante

Schlange: erste Verführerin des Menschen (Gen 3,1)

ihr, die echten Göttersöhne: die Erzengel

Und was in schwankender Erscheinung schwebt,
Befestiget mit dauernden Gedanken.
Der Himmel schließt, die Erzengel verteilen sich.
MEPHISTOPHELES *allein:*

350 Von Zeit zu Zeit seh ich den Alten gern
Und hüte mich, mit ihm zu brechen.
Es ist gar hübsch von einem großen Herrn,
So menschlich mit dem Teufel selbst zu sprechen.

Der Tragödie erster Teil

Nacht

In einem hochgewölbten, engen gotischen Zimmer.
Faust unruhig auf seinem Sessel am Pulte.

FAUST:

    Habe nun, ach! Philosophie,
355 Juristerei und Medizin,
    Und leider auch Theologie
    Durchaus studiert, mit heißem Bemühn.
    Da steh ich nun, ich armer Tor,
    Und bin so klug als wie zuvor!
360 Heiße Magister, heiße Doktor gar,
    Und ziehe schon an die zehen Jahr'
    Herauf, herab und quer und krumm
    Meine Schüler an der Nase herum –
    Und sehe, dass wir nichts wissen können!
365 Das will mir schier das Herz verbrennen.
    Zwar bin ich gescheiter als alle die Laffe,
    Doktoren, Magister, Schreiber und Pfaffen;
    Mich plagen keine Skrupel noch Zweifel,
    Fürchte mich weder vor Hölle noch Teufel –
370 Dafür ist mir auch alle Freud' entrissen,
    Bilde mir nicht ein, was Recht's zu wissen,
    Bilde mir nicht ein, ich könnte was lehren,
    Die Menschen zu bessern und zu bekehren.
    Auch hab ich weder Gut noch Geld,
375 Noch Ehr' und Herrlichkeit der Welt;
    Es möchte kein Hund so länger leben!
    Drum hab ich mich der Magie ergeben,
    Ob mir durch Geistes Kraft und Mund
    Nicht manch Geheimnis würde kund;
380 Dass ich nicht mehr mit sauerm Schweiß

Philosophie … Theologie: damals klassischer Fächerkanon an den Universitäten, die vier mittelalterlichen Fakultäten

Laffe: alberner Mensch

Der Tragödie erster Teil

Zu sagen brauche, was ich nicht weiß;
Dass ich erkenne, was die Welt
Im Innersten zusammenhält,
Schau alle Wirkenskraft und Samen,
Und tu nicht mehr in Worten kramen.

O sähst du, voller Mondenschein,
Zum letzten Mal auf meine Pein,
Den ich so manche Mitternacht
An diesem Pult herangewacht:
Dann über Büchern und Papier,
Trübsel'ger Freund, erschienst du mir!
Ach! könnt ich doch auf Bergeshöhn
In deinem lieben Lichte gehn,
Um Bergeshöhle mit Geistern schweben,
Auf Wiesen in deinem Dämmer weben,
Von allem Wissensqualm entladen,
In deinem Tau gesund mich baden!

Weh! steck ich in dem Kerker noch?
Verfluchtes dumpfes Mauerloch,
Wo selbst das liebe Himmelslicht
Trüb durch gemalte Scheiben bricht!   gemalte Scheiben:
Beschränkt von diesem Bücherhauf,   gotische Fenster-
Den Würme nagen, Staub bedeckt,   scheiben
Den, bis ans hohe Gewölb' hinauf,
Ein angeraucht Papier umsteckt;
Mit Gläsern, Büchsen rings umstellt,
Mit Instrumenten vollgepfropft,
Urväter-Hausrat dreingestopft –
Das ist deine Welt! das heißt eine Welt!

Und fragst du noch, warum dein Herz
Sich bang in deinem Busen klemmt?

Nacht

Warum ein unerklärter Schmerz
Dir alle Lebensregung hemmt?
Statt der lebendigen Natur,
Da Gott die Menschen schuf hinein,
Umgibt in Rauch und Moder nur
Dich Tiergerippʼ und Totenbein.

Flieh! auf! Hinaus ins weite Land!
Und dies geheimnisvolle Buch,
Von Nostradamusʼ eigner Hand,
Ist dir es nicht Geleit genug?
Erkennest dann der Sterne Lauf,
Und wenn Natur dich unterweist,
Dann geht die Seelenkraft dir auf,
Wie spricht ein Geist zum andern Geist.
Umsonst, dass trocknes Sinnen hier
Die heilʼgen Zeichen dir erklärt:
Ihr schwebt, ihr Geister, neben mir;
Antwortet mir, wenn ihr mich hört!
Er schlägt das Buch auf und erblickt das Zeichen des Makrokosmus.
Ha! welche Wonne fließt in diesem Blick
Auf einmal mir durch alle meine Sinnen!
Ich fühle junges, heilʼges Lebensglück
Neu glühend mir durch Nervʼ und Adern rinnen.
War es ein Gott, der diese Zeichen schrieb,
Die mir das innre Toben stillen,
Das arme Herz mit Freude füllen
Und mit geheimnisvollem Trieb
Die Kräfte der Natur rings um mich her enthüllen?
Bin ich ein Gott? Mir wird so licht!
Ich schau in diesen reinen Zügen
Die wirkende Natur vor meiner Seele liegen.
Jetzt erst erkenn ich, was der Weise spricht:

Nostradamus: französischer Arzt und Astrologe, dessen Prophezeiungen bis in die heutige Zeit zu Spekulationen Anlass geben

Makrokosmus: Große Ordnung, Weltall. Damit verbindet sich die Suche nach einer geheimen Weltformel, die alles Bestehende abzubilden vermag.

Der Tragödie erster Teil

›Die Geisterwelt ist nicht verschlossen;
Dein Sinn ist zu, dein Herz ist tot!
Auf, bade, Schüler, unverdrossen
Die ird'sche Brust im Morgenrot!‹
Er beschaut das Zeichen.
Wie alles sich zum Ganzen webt,
Eins in dem andern wirkt und lebt!
Wie Himmelskräfte auf und nieder steigen
Und sich die goldnen Eimer reichen!
Mit segenduftenden Schwingen
Vom Himmel durch die Erde dringen,
Harmonisch all das All durchklingen!

Welch Schauspiel! Aber ach! ein Schauspiel nur!
Wo fass ich dich, unendliche Natur?
Euch Brüste, wo? Ihr Quellen alles Lebens,
An denen Himmel und Erde hängt,
Dahin die welke Brust sich drängt –
Ihr quellt, ihr tränkt, und schmacht ich so vergebens?
Er schlägt unwillig das Buch um und erblickt das Zeichen des Erdgeistes.
Wie anders wirkt dies Zeichen auf mich ein!
Du, Geist der Erde, bist mir näher;
Schon fühl ich meine Kräfte höher,
Schon glüh ich wie von neuem Wein,
Ich fühle Mut, mich in die Welt zu wagen,
Der Erde Weh, der Erde Glück zu tragen,
Mit Stürmen mich herumzuschlagen
Und in des Schiffbruchs Knirschen nicht zu zagen.
Es wölkt sich über mir –
Der Mond verbirgt sein Licht –
Die Lampe schwindet!
Es dampft! – Es zucken rote Strahlen
Mir um das Haupt – Es weht

Himmelskräfte auf und nieder steigen: Bezug zur biblischen Geschichte der Jakobsleiter, die Himmel und Erde verbindet (Gen 28,12)

Erdgeist: wird in mythologischen Schriften als das älteste Wesen verstanden, das alle Dinge aus sich hervorgebracht hat (Natur)

Nacht

> Ein Schauer vom Gewölb' herab
> Und fasst mich an!
> 475 Ich fühl's, du schwebst um mich, erflehter Geist.
> Enthülle dich!
> Ha! wie's in meinem Herzen reißt!
> Zu neuen Gefühlen
> All' meine Sinne sich erwühlen!
> 480 Ich fühle ganz mein Herz dir hingegeben!
> Du musst! du musst! und kostet' es mein Leben!
> *Er fasst das Buch und spricht das Zeichen des Geistes*
> *geheimnisvoll aus. Es zuckt eine rötliche Flamme,*
> *der Geist erscheint in der Flamme.*

GEIST:
> Wer ruft mir?

FAUST *abgewendet:*
>   Schreckliches Gesicht!

GEIST:
> Du hast mich mächtig angezogen,
> An meiner Sphäre lang' gesogen,
> Und nun –

FAUST:
> 485   Weh! ich ertrag' dich nicht!

GEIST:
> Du flehst eratmend, mich zu schauen,
> Meine Stimme zu hören, mein Antlitz zu sehn;
> Mich neigt dein mächtig Seelenflehn,
> Da bin ich! – Welch erbärmlich Grauen
> 490 Fasst Übermenschen dich! Wo ist der Seele Ruf?
> Wo ist die Brust, die eine Welt in sich erschuf
> Und trug und hegte, die mit Freudebeben
> Erschwoll, sich uns, den Geistern, gleich zu heben?
> Wo bist du, Faust, des Stimme mir erklang,
> 495 Der sich an mich mit allen Kräften drang?
> Bist **du** es, der, von meinem Hauch umwittert,

Der Tragödie erster Teil

> In allen Lebenstiefen zittert,
> Ein furchtsam weggekrümmter Wurm?
>
> **FAUST:**
> Soll ich dir, Flammenbildung, weichen?
> Ich bin's, bin Faust, bin deinesgleichen!
>
> **GEIST:**
> In Lebensfluten, im Tatensturm
> Wall ich auf und ab,
> Webe hin und her!
> Geburt und Grab,
> Ein ewiges Meer,
> Ein wechselnd Weben,
> Ein glühend Leben,
> So schaff ich am sausenden Webstuhl der Zeit
> Und wirke der Gottheit lebendiges Kleid.
>
> **FAUST:**
> Der du die weite Welt umschweifst,
> Geschäftiger Geist, wie nah fühl ich mich dir!
>
> **GEIST:**
> Du gleichst dem Geist, den du begreifst,
> Nicht mir!
> *Verschwindet.*
>
> **FAUST** *zusammenstürzend:*
> Nicht dir?
> Wem denn?
> Ich Ebenbild der Gottheit!
> Und nicht einmal dir!
> *Es klopft.*
> O Tod! ich kenn's – das ist mein Famulus –
> Es wird mein schönstes Glück zunichte!
> Dass diese Fülle der Gesichte
> Der trockne Schleicher stören muss!
> *Wagner im Schlafrocke und der Nachtmütze,*
> *eine Lampe in der Hand. Faust wendet sich unwillig.*

Famulus: studentische Hilfskraft

Nacht

WAGNER:
>Verzeiht! ich hör Euch deklamieren; *deklamieren: laut lesen*
>Ihr last gewiss ein griechisch Trauerspiel?
>In dieser Kunst möcht ich was profitieren,
>Denn heutzutage wirkt das viel.
>Ich hab es öfters rühmen hören,
>Ein Komödiant könnt einen Pfarrer lehren.

FAUST:
>Ja, wenn der Pfarrer ein Komödiant ist;
>Wie das denn wohl zuzeiten kommen mag.

WAGNER:
>Ach! wenn man so in sein Museum gebannt ist,
>Und sieht die Welt kaum einen Feiertag,
>Kaum durch ein Fernglas, nur von Weiten,
>Wie soll man sie durch Überredung leiten?

FAUST:
>Wenn ihr's nicht fühlt, ihr werdet's nicht erjagen,
>Wenn es nicht aus der Seele dringt
>Und mit urkräftigem Behagen
>Die Herzen aller Hörer zwingt.
>Sitzt ihr nur immer! Leimt zusammen,
>Braut ein Ragout von andrer Schmaus *Ragout: aus kleingeschnittenem Fleisch gebraute Brühe*
>Und blast die kümmerlichen Flammen
>Aus eurem Aschenhäufchen 'raus!
>Bewundrung von Kindern und Affen,
>Wenn euch darnach der Gaumen steht –
>Doch werdet ihr nie Herz zu Herzen schaffen,
>Wenn es euch nicht von Herzen geht.

WAGNER:
>Allein der Vortrag macht des Redners Glück;
>Ich fühl es wohl, noch bin ich weit zurück.

FAUST:
>Such Er den redlichen Gewinn! *schellenlauter Tor: gemeint ist die Narrenkappe, an der Glöckchen befestigt werden*
>Sei Er kein schellenlauter Tor!

Der Tragödie erster Teil

550 Es trägt Verstand und rechter Sinn
Mit wenig Kunst sich selber vor;
Und wenn's Euch ernst ist, was zu sagen,
Ist's nötig, Worten nachzujagen?
Ja, Eure Reden, die so blinkend sind,
555 In denen Ihr der Menschheit Schnitzel kräuselt,
Sind unerquicklich wie der Nebelwind,
Der herbstlich durch die dürren Blätter säuselt!

WAGNER:
Ach Gott! die Kunst ist lang,
Und kurz ist unser Leben.
560 Mir wird, bei meinem kritischen Bestreben,
Doch oft um Kopf und Busen bang.
Wie schwer sind nicht die Mittel zu erwerben,
Durch die man zu den Quellen steigt!
Und eh' man nur den halben Weg erreicht,
565 Muss wohl ein armer Teufel sterben.

FAUST:
Das Pergament, ist das der heil'ge Bronnen,   Bronnen:
Woraus ein Trunk den Durst auf ewig stillt?   Brunnen
Erquickung hast du nicht gewonnen,
Wenn sie dir nicht aus eigner Seele quillt.

WAGNER:
570 Verzeiht! es ist ein groß Ergetzen,
Sich in den Geist der Zeiten zu versetzen;
Zu schauen, wie vor uns ein weiser Mann gedacht,
Und wie wir's dann zuletzt so herrlich weit gebracht.

FAUST:
O ja, bis an die Sterne weit!
575 Mein Freund, die Zeiten der Vergangenheit
Sind uns ein Buch mit sieben Siegeln.
Was ihr den Geist der Zeiten heißt,
Das ist im Grund der Herren eigner Geist,
In dem die Zeiten sich bespiegeln.

Nacht

⁵⁸⁰ Da ist's denn wahrlich oft ein Jammer!
Man läuft Euch bei dem ersten Blick davon:
Ein Kehrichtfass und eine Rumpelkammer
Und höchstens eine Haupt- und Staatsaktion
Mit trefflichen pragmatischen Maximen,
⁵⁸⁵ Wie sie den Puppen wohl im Munde ziemen!

WAGNER:
Allein die Welt! des Menschen Herz und Geist!
Möcht jeglicher doch was davon erkennen.

FAUST:
Ja, was man so erkennen heißt!
Wer darf das Kind beim rechten Namen nennen?
⁵⁹⁰ Die wenigen, die was davon erkannt,
Die töricht g'nug ihr volles Herz nicht wahrten,
Dem Pöbel ihr Gefühl, ihr Schauen offenbarten,
Hat man von je gekreuzigt und verbrannt.
Ich bitt Euch, Freund, es ist tief in der Nacht,
⁵⁹⁵ Wir müssen's diesmal unterbrechen.

WAGNER:
Ich hätte gern nur immer fortgewacht,
Um so gelehrt mit Euch mich zu besprechen.
Doch morgen, als am ersten Ostertage,
Erlaubt mir ein' und andre Frage.
⁶⁰⁰ Mit Eifer hab ich mich der Studien beflissen;
Zwar weiß ich viel, doch möcht ich alles wissen.
Ab.

FAUST *allein.*
Wie nur dem Kopf nicht alle Hoffnung schwindet,
Der immerfort an schalem Zeuge klebt,
Mit gier'ger Hand nach Schätzen gräbt,
⁶⁰⁵ Und froh ist, wenn er Regenwürmer findet!

Darf eine solche Menschenstimme hier,
Wo Geisterfülle mich umgab, ertönen?

Haupt- und Staatsaktion: Hier wird Bezug genommen zu der Handlung barocker Dramen, in denen vor allem das Leben von Fürsten und Königen dargestellt wird.

Der Tragödie erster Teil

Doch ach! für diesmal dank ich dir,
Dem ärmlichsten von allen Erdensöhnen.
610 Du rissest mich von der Verzweiflung los,
Die mir die Sinne schon zerstören wollte.
Ach! die Erscheinung war so riesengroß,
Dass ich mich recht als Zwerg empfinden sollte.

Ich, Ebenbild der Gottheit, das sich schon
615 Ganz nah gedünkt dem Spiegel ew'ger Wahrheit,
Sein Selbst genoss in Himmelsglanz und Klarheit,
Und abgestreift den Erdensohn;
Ich, mehr als Cherub, dessen freie Kraft
Schon durch die Adern der Natur zu fließen
620 Und, schaffend, Götterleben zu genießen
Sich ahnungsvoll vermaß, wie muss ich's büßen!
Ein Donnerwort hat mich hinweggerafft.

Cherub:
Engel, der durch
sein Erkenntnis-
vermögen noch
näher an Gott
steht als die
Erzengel

Nicht darf ich dir zu gleichen mich vermessen!
Hab ich die Kraft dich anzuziehn besessen,
625 So hatt ich dich zu halten keine Kraft.
In jenem sel'gen Augenblicke
Ich fühlte mich so klein, so groß;
Du stießest grausam mich zurücke,
Ins ungewisse Menschenlos.
630 Wer lehret mich? was soll ich meiden?
Soll ich gehorchen jenem Drang?
Ach! unsre Taten selbst, so gut als unsre Leiden,
Sie hemmen unsres Lebens Gang.

Dem Herrlichsten, was auch der Geist empfangen,
635 Drängt immer fremd und fremder Stoff sich an;
Wenn wir zum Guten dieser Welt gelangen,
Dann heißt das Bessre Trug und Wahn.

Nacht

Die uns das Leben gaben, herrliche Gefühle,
Erstarren in dem irdischen Gewühle.

Wenn Fantasie sich sonst mit kühnem Flug   sonst:
Und hoffnungsvoll zum Ewigen erweitert,   noch vor Kurzem
So ist ein kleiner Raum ihr nun genug,
Wenn Glück auf Glück im Zeitenstrudel scheitert.
Die Sorge nistet gleich im tiefen Herzen,
Dort wirket sie geheime Schmerzen,
Unruhig wiegt sie sich und störet Lust und Ruh;
Sie deckt sich stets mit neuen Masken zu,
Sie mag als Haus und Hof, als Weib und Kind
                                                erscheinen,
Als Feuer, Wasser, Dolch und Gift;
Du bebst vor allem, was nicht trifft,
Und was du nie verlierst, das musst du stets beweinen.

Den Göttern gleich ich nicht! Zu tief ist es gefühlt;
Dem Wurme gleich ich, der den Staub durchwühlt,
Den, wie er sich im Staube nährend lebt,
Des Wandrers Tritt vernichtet und begräbt.

Ist es nicht Staub, was diese hohe Wand
Aus hundert Fächern mir verenget,
Der Trödel, der mit tausendfachem Tand
In dieser Mottenwelt mich dränget?
Hier soll ich finden, was mir fehlt?
Soll ich vielleicht in tausend Büchern lesen,
Dass überall die Menschen sich gequält,
Dass hie und da ein Glücklicher gewesen? –
Was grinsest du mir, hohler Schädel, her,
Als dass dein Hirn wie meines einst verwirret
Den leichten Tag gesucht und in der Dämmrung
                                                schwer,

Der Tragödie erster Teil

Mit Lust nach Wahrheit, jämmerlich geirret?
Ihr Instrumente freilich spottet mein
Mit Rad und Kämmen, Walz' und Bügel:
Ich stand am Tor, ihr solltet Schlüssel sein;
670 Zwar euer Bart ist kraus, doch hebt ihr nicht die Riegel.
Geheimnisvoll am lichten Tag
Lässt sich Natur des Schleiers nicht berauben,
Und was sie deinem Geist nicht offenbaren mag,
Das zwingst du ihr nicht ab mit Hebeln und mit
                                                 Schrauben.
675 Du alt Geräte, das ich nicht gebraucht,
Du stehst nur hier, weil dich mein Vater brauchte.
Du alte Rolle, du wirst angeraucht
Solang' an diesem Pult die trübe Lampe schmauchte.
Weit besser hätt ich doch mein Weniges verprasst,
680 Als mit dem Wenigen belastet hier zu schwitzen!
Was du ererbt von deinen Vätern hast,
Erwirb es, um es zu besitzen.
Was man nicht nützt, ist eine schwere Last,
Nur was der Augenblick erschafft, das kann er nützen.

685 Doch warum heftet sich mein Blick auf jene Stelle?
Ist jenes Fläschchen dort den Augen ein Magnet?
Warum wird mir auf einmal lieblich helle,
Als wenn im nächt'gen Wald uns Mondenglanz
                                                 umweht?

690 Ich grüße dich, du einzige Phiole,
Die ich mit Andacht nun herunterhole!
In dir verehr ich Menschenwitz und Kunst.
Du Inbegriff der holden Schlummersäfte,
Du Auszug aller tödlich feinen Kräfte,
695 Erweise deinem Meister deine Gunst!
Ich sehe dich, es wird der Schmerz gelindert,

Instrumente: mechanische Apparaturen für wissenschaftliche Experimente

Phiole: Glasgefäß

Nacht

    Ich fasse dich, das Streben wird gemindert,
    Des Geistes Flutstrom ebbet nach und nach.   *ebbet: lässt nach*
    Ins hohe Meer werd ich hinausgewiesen,
700   Die Spiegelflut erglänzt zu meinen Füßen,
    Zu neuen Ufern lockt ein neuer Tag.

    Ein Feuerwagen schwebt auf leichten Schwingen
    An mich heran! Ich fühle mich bereit,
    Auf neuer Bahn den Äther zu durchdringen,   *Äther: oberer Himmel*
705   Zu neuen Sphären reiner Tätigkeit.
    Dies hohe Leben, diese Götterwonne!
    Du, erst noch Wurm, und die verdienest du?
    Ja, kehre nur der holden Erdensonne
    Entschlossen deinen Rücken zu!
710   Vermesse dich, die Pforten aufzureißen,
    Vor denen jeder gern vorüberschleicht.
    Hier ist es Zeit, durch Taten zu beweisen,
    Dass Manneswürde nicht der Götterhöhe weicht,
    Vor jener dunkeln Höhle nicht zu beben,
715   In der sich Fantasie zu eigner Qual verdammt,
    Nach jenem Durchgang hinzustreben,
    Um dessen engen Mund die ganze Hölle flammt;
    Zu diesem Schritt sich heiter zu entschließen,
    Und wär es mit Gefahr, ins Nichts dahinzufließen.

720   Nun komm herab, kristallne reine Schale!   *Schale: gemeint ist die Phiole*
    Hervor aus deinem alten Futterale,
    An die ich viele Jahre nicht gedacht!
    Du glänztest bei der Väter Freudenfeste,
    Erheitertest die ernsten Gäste,
725   Wenn einer dich dem andern zugebracht.
    Der vielen Bilder künstlich reiche Pracht,
    Des Trinkers Pflicht, sie reimweis zu erklären,
    Auf *einen* Zug die Höhlung auszuleeren,

Der Tragödie erster Teil

Erinnert mich an manche Jugendnacht;
730 Ich werde jetzt dich keinem Nachbar reichen,
Ich werde meinen Witz an deiner Kunst nicht zeigen;
Hier ist ein Saft, der eilig trunken macht;
Mit brauner Flut erfüllt er deine Höhle.
Den ich bereitet, den ich wähle,
735 Der letzte Trunk sei nun, mit ganzer Seele,
Als festlich hoher Gruß, dem Morgen zugebracht!
Er setzt die Schale an den Mund.

Glockenklang und Chorgesang.
CHOR DER ENGEL:
    Christ ist erstanden!
    Freude dem Sterblichen,
    Den die verderblichen,
740   Schleichenden, erblichen
    Mängel umwanden.
FAUST:
Welch tiefes Summen, welch ein heller Ton
Zieht mit Gewalt das Glas von meinem Munde?
Verkündiget ihr dumpfen Glocken schon
745 Des Osterfestes erste Feierstunde?
Ihr Chöre, singt ihr schon den tröstlichen Gesang,
Der einst, um Grabes Nacht, von Engelslippen klang,
Gewissheit einem neuen Bunde?
CHOR DER WEIBER:
    Mit Spezereien
750   Hatten wir ihn gepflegt,
    Wir, seine Treuen,
    Hatten ihn hingelegt;
    Tücher und Binden
    Reinlich umwanden wir,
755   Ach! und wir finden
    Christ nicht mehr hier.

> Spezereien: Duftstoffe, die auch zum Einbalsamieren von Toten eingesetzt wurden

Nacht

CHOR DER ENGEL:
> Christ ist erstanden!
> Selig der Liebende,
> Der die betrübende,
> Heilsam' und übende
> Prüfung bestanden.

FAUST:
Was sucht ihr, mächtig und gelind,
Ihr Himmelstöne, mich am Staube?
Klingt dort umher, wo weiche Menschen sind.
Die Botschaft hör ich wohl, allein mir fehlt der Glaube;
Das Wunder ist des Glaubens liebstes Kind.
Zu jenen Sphären wag ich nicht zu streben,
Woher die holde Nachricht tönt;
Und doch, an diesen Klang von Jugend auf gewöhnt,
Ruft er auch jetzt zurück mich in das Leben.
Sonst stürzte sich der Himmelsliebe Kuss
Auf mich herab, in ernster Sabbatstille;
Da klang so ahnungsvoll des Glockentones Fülle,
Und ein Gebet war brünstiger Genuss;
Ein unbegreiflich holdes Sehnen
Trieb mich, durch Wald und Wiesen hinzugehn,
Und unter tausend heißen Tränen
Fühlt' ich mir eine Welt entstehn.
Dies Lied verkündete der Jugend muntre Spiele,
Der Frühlingsfeier freies Glück;
Erinnrung hält mich nun mit kindlichem Gefühle
Vom letzten, ernsten Schritt zurück.
O tönet fort, ihr süßen Himmelslieder!
Die Träne quillt, die Erde hat mich wieder!

CHOR DER JÜNGER:
> Hat der Begrabene
> Schon sich nach oben,
> Lebend Erhabene,

Sabbatstille: Gemeint ist hier nicht der jüdische Feiertag, sondern das Osterfest.

Der Tragödie erster Teil

        Herrlich erhoben,
        Ist er in Werdelust
        Schaffender Freude nah:
        Ach! an der Erde Brust
        Sind wir zum Leide da.
        Ließ er die Seinen
        Schmachtend uns hier zurück;
        Ach! wir beweinen,
        Meister, dein Glück!

CHOR DER ENGEL:
        Christ ist erstanden,
        Aus der Verwesung Schoß;
        Reißet von Banden
        Freudig euch los!
        Tätig ihn Preisenden,
        Liebe Beweisenden,
        Brüderlich Speisenden,
        Predigend Reisenden,
        Wonne Verheißenden
        Euch ist der Meister nah,
        Euch ist er da!

Vor dem Tor

Spaziergänger aller Art ziehen hinaus.
EINIGE HANDWERKSBURSCHEN:
    Warum denn dort hinaus?
ANDRE:
    Wir gehn hinaus aufs Jägerhaus.
DIE ERSTEN:
    Wir aber wollen nach der Mühle wandern.
EIN HANDWERKSBURSCH:
    Ich rat euch, nach dem Wasserhof zu gehn.

Vor dem Tor

ZWEITER:
Der Weg dahin ist gar nicht schön.
DIE ZWEITEN:
Was tust denn du?
EIN DRITTER:
    Ich gehe mit den andern.
VIERTER:
Nach Burgdorf kommt herauf, gewiss dort findet ihr
Die schönsten Mädchen und das beste Bier,
Und Händel von der ersten Sorte.

Händel: Streit, Raufereien

FÜNFTER:
Du überlustiger Gesell,
Juckt dich zum drittenmal das Fell?
Ich mag nicht hin, mir graut es vor dem Orte.
DIENSTMÄDCHEN:
Nein, nein! ich gehe nach der Stadt zurück.
ANDRE:
Wir finden ihn gewiss bei jenen Pappeln stehen.
ERSTE:
Das ist für mich kein großes Glück;
Er wird an deiner Seite gehen,
Mit dir nur tanzt er auf dem Plan.

Plan: Tanzplatz

Was gehn mich deine Freuden an!
ANDRE:
Heut ist er sicher nicht allein,
Der Krauskopf, sagt er, würde bei ihm sein.
SCHÜLER:
Blitz, wie die wackern Dirnen schreiten!
Herr Bruder, komm! wir müssen sie begleiten,
Ein starkes Bier, ein beizender Tobak
Und eine Magd im Putz, das ist nun mein Geschmack.
BÜRGERMÄDCHEN:
Da sieh mir nur die schönen Knaben!
Es ist wahrhaftig eine Schmach:

Der Tragödie erster Teil

Gesellschaft könnten sie die allerbeste haben,
835 Und laufen diesen Mägden nach!
ZWEITER SCHÜLER *zum ersten:*
Nicht so geschwind! dort hinten kommen zwei,
Sie sind gar niedlich angezogen,
's ist meine Nachbarin dabei;
Ich bin dem Mädchen sehr gewogen.
840 Sie gehen ihren stillen Schritt
Und nehmen uns doch auch am Ende mit.
ERSTER:
Herr Bruder, nein! Ich bin nicht gern geniert.
Geschwind! dass wir das Wildbret nicht verlieren.
Die Hand, die samstags ihren Besen führt,
845 Wird sonntags dich am besten karessieren.
BÜRGER:
Nein, er gefällt mir nicht, der neue Burgemeister!
Nun, da er's ist, wird er nur täglich dreister.
Und für die Stadt was tut denn er?
Wird es nicht alle Tage schlimmer?
850 Gehorchen soll man mehr als immer
Und zahlen mehr als je vorher.
BETTLER *singt:*
Ihr guten Herrn, ihr schönen Frauen,
So wohlgeputzt und backenrot,
Belieb' es euch, mich anzuschauen,
855 Und seht und mildert meine Not!
Lasst hier mich nicht vergebens leiern!
Nur der ist froh, der geben mag.
Ein Tag, den alle Menschen feiern,
Er sei für mich ein Erntetag.
ANDRER BÜRGER:
860 Nichts Bessers weiß ich mir an Sonn- und Feiertagen
Als ein Gespräch von Krieg und Kriegsgeschrei,
Wenn hinten, weit, in der Türkei,

Wildbret:
hier Mädchen

karessieren:
liebkosen

Vor dem Tor

Die Völker aufeinanderschlagen.
Man steht am Fenster, trinkt sein Gläschen aus
Und sieht den Fluss hinab die bunten Schiffe gleiten;
Dann kehrt man abends froh nach Haus
Und segnet Fried' und Friedenszeiten.

DRITTER BÜRGER:
Herr Nachbar, ja! so lass ich's auch geschehn,
Sie mögen sich die Köpfe spalten,
Mag alles durcheinandergehn;
Doch nur zu Hause bleib's beim Alten.

ALTE *zu den Bürgermädchen:*
Ei! wie geputzt! das schöne junge Blut!
Wer soll sich nicht in euch vergaffen? –
Nur nicht so stolz! Es ist schon gut!
Und was ihr wünscht, das wüsst ich wohl zu schaffen.

BÜRGERMÄDCHEN:
Agathe, fort! ich nehme mich in Acht,
Mit solchen Hexen öffentlich zu gehen;
Sie ließ mich zwar in Sankt Andreas' Nacht
Den künft'gen Liebsten leiblich sehen.

DIE ANDRE:
Mir zeigte sie ihn im Kristall,
Soldatenhaft, mit mehreren Verwegnen;
Ich seh mich um, ich such ihn überall,
Allein mir will er nicht begegnen.

SOLDATEN:
> Burgen mit hohen
> Mauern und Zinnen,
> Mädchen mit stolzen
> Höhnenden Sinnen
> Möcht ich gewinnen!
> Kühn ist das Mühen,
> Herrlich der Lohn!

Kristall: verbotene Geheimlehre, in der mit Hilfe eines Bergkristalls junge Frauen ihren zukünftigen Geliebten erkennen können

Der Tragödie erster Teil

        Und die Trompete
        Lassen wir werben,
        Wie zu der Freude,
        So zum Verderben.
895   Das ist ein Stürmen!
        Das ist ein Leben!
        Mädchen und Burgen
        Müssen sich geben.
        Kühn ist das Mühen,
900   Herrlich der Lohn!
        Und die Soldaten
        Ziehen davon.

Faust und Wagner.
FAUST:
    Vom Eise befreit sind Strom und Bäche
    Durch des Frühlings holden, belebenden Blick;
905   Im Tale grünet Hoffnungsglück;
    Der alte Winter, in seiner Schwäche,
    Zog sich in raue Berge zurück.
    Von dorther sendet er, fliehend, nur
    Ohnmächtige Schauer körnigen Eises
910   In Streifen über die grünende Flur;
    Aber die Sonne duldet kein Weißes:
    Überall regt sich Bildung und Streben,
    Alles will sie mit Farben beleben;
    Doch an Blumen fehlt's im Revier,   Revier: Umgebung
915   Sie nimmt geputzte Menschen dafür.
    Kehre dich um, von diesen Höhen
    Nach der Stadt zurückzusehen.
    Aus dem hohlen finstern Tor
    Dringt ein buntes Gewimmel hervor.
920   Jeder sonnt sich heute so gern.
    Sie feiern die Auferstehung des Herrn,

Vor dem Tor

Denn sie sind selber auferstanden,
Aus niedriger Häuser dumpfen Gemächern,
Aus Handwerks- und Gewerbesbanden,
Aus dem Druck von Giebeln und Dächern,
Aus der Straßen quetschender Enge,
Aus der Kirchen ehrwürdiger Nacht
Sind sie alle ans Licht gebracht.
Sieh nur, sieh! wie behänd sich die Menge
Durch die Gärten und Felder zerschlägt,
Wie der Fluss, in Breit' und Länge,
So manchen lustigen Nachen bewegt,
Und bis zum Sinken überladen
Entfernt sich dieser letzte Kahn.
Selbst von des Berges fernen Pfaden
Blinken uns farbige Kleider an.
Ich höre schon des Dorfs Getümmel,
Hier ist des Volkes wahrer Himmel,
Zufrieden jauchzet Groß und Klein;
Hier bin ich Mensch, hier darf ich's sein.

WAGNER:

Mit Euch, Herr Doktor, zu spazieren,
Ist ehrenvoll und ist Gewinn;
Doch würd ich nicht allein mich her verlieren,
Weil ich ein Feind von allem Rohen bin.
Das Fiedeln, Schreien, Kegelschieben
Ist mir ein gar verhasster Klang;
Sie toben wie vom bösen Geist getrieben
Und nennen's Freude, nennen's Gesang.

Bauern unter der Linde.
Tanz und Gesang.

BAUERN:

Der Schäfer putzte sich zum Tanz,
Mit bunter Jacke, Band und Kranz,

Der Tragödie erster Teil

Schmuck war er angezogen.
Schon um die Linde war es voll;
Und alles tanzte schon wie toll.
Juchhe! Juchhe!
Juchheisa! Heisa! He!
So ging der Fiedelbogen.

Er drückte hastig sich heran,
Da stieß er an ein Mädchen an
Mit seinem Ellenbogen;
Die frische Dirne kehrt' sich um   Dirne: Mädchen
Und sagte: Nun, das find ich dumm!
Juchhe! Juchhe!
Juchheisa! Heisa! He!
Seid nicht so ungezogen.

Doch hurtig in dem Kreise ging's,
Sie tanzten rechts, sie tanzten links,
Und alle Röcke flogen.
Sie wurden rot, sie wurden warm
Und ruhten atmend Arm in Arm,
Juchhe! Juchhe!
Juchheisa! Heisa! He!
Und Hüft' an Ellenbogen.

Und tu mir doch nicht so vertraut!
Wie mancher hat nicht seine Braut
Belogen und betrogen!
Er schmeichelte sie doch beiseit',
Und von der Linde scholl es weit:
Juchhe! Juchhe!
Juchheisa! Heisa! He!
Geschrei und Fiedelbogen.

Vor dem Tor

ALTER BAUER:

Herr Doktor, das ist schön von Euch,
Dass Ihr uns heute nicht verschmäht
Und unter dieses Volksgedräng',
Als ein so Hochgelahrter, geht.
985 So nehmet auch den schönsten Krug,
Den wir mit frischem Trunk gefüllt,
Ich bring ihn zu und wünsche laut,
Dass er nicht nur den Durst Euch stillt:
Die Zahl der Tropfen, die er hegt,
990 Sei Euren Tagen zugelegt.

FAUST:

Ich nehme den Erquickungstrank,
Erwidr' euch allen Heil und Dank.
Das Volk sammelt sich im Kreis umher.

ALTER BAUER:

Fürwahr, es ist sehr wohlgetan,
Dass Ihr am frohen Tag erscheint;
995 Habt Ihr es vormals doch mit uns
An bösen Tagen gut gemeint!
Gar mancher steht lebendig hier,
Den Euer Vater noch zuletzt
Der heißen Fieberwut entriss,
1000 Als er der Seuche Ziel gesetzt.   Ziel: Ende
Auch damals Ihr, ein junger Mann,
Ihr gingt in jedes Krankenhaus;
Gar manche Leiche trug man fort,
Ihr aber kamt gesund heraus;
1005 Bestandet manche harte Proben;
Dem Helfer half der Helfer droben.

ALLE:

Gesundheit dem bewährten Mann,
Dass er noch lange helfen kann!

Der Tragödie erster Teil

FAUST:
>Vor jenem droben steht gebückt,
>Der helfen lehrt und Hilfe schickt.
>*Er geht mit Wagnern weiter.*

WAGNER:
>Welch ein Gefühl musst du, o großer Mann,
>Bei der Verehrung dieser Menge haben!
>O glücklich, wer von seinen Gaben
>Solch einen Vorteil ziehen kann!
>Der Vater zeigt dich seinem Knaben,
>Ein jeder fragt und drängt und eilt,
>Die Fiedel stockt, der Tänzer weilt.
>Du gehst, in Reihen stehen sie,
>Die Mützen fliegen in die Höh':
>Und wenig fehlt, so beugten sich die Knie,
>Als käm das Venerabile.

FAUST:
>Nur wenig Schritte noch hinauf zu jenem Stein,
>Hier wollen wir von unsrer Wandrung rasten.
>Hier saß ich oft gedankenvoll allein
>Und quälte mich mit Beten und mit Fasten.
>An Hoffnung reich, im Glauben fest,
>Mit Tränen, Seufzen, Händeringen
>Dacht ich das Ende jener Pest
>Vom Herrn des Himmels zu erzwingen.
>Der Menge Beifall tönt mir nun wie Hohn.
>O könntest du in meinem Innern lesen,
>Wie wenig Vater und Sohn
>Solch eines Ruhmes wert gewesen!
>Mein Vater war ein dunkler Ehrenmann,
>Der über die Natur und ihre heil'gen Kreise
>In Redlichkeit, jedoch auf seine Weise,
>Mit grillenhafter Mühe sann;
>Der, in Gesellschaft von Adepten,

Venerabile: das bei katholischen Prozessionen gezeigte Allerheiligste

grillenhaft: merkwürdig, abseitig

Adept: Schüler der Alchemie

Vor dem Tor

    Sich in die schwarze Küche schloss
1040   Und, nach unendlichen Rezepten,
    Das Widrige zusammengoss.
    Da ward ein roter Leu, ein kühner Freier,   *roter Leu ...*
    Im lauen Bad der Lilie vermählt   *Königin im Glas:*
    Und beide dann mit offnem Flammenfeuer   *Begriffe aus der Alchemie*
1045   Aus einem Brautgemach ins andere gequält.   *(vgl. Sachinformationen)*
    Erschien darauf mit bunten Farben
    Die junge Königin im Glas,
    Hier war die Arzenei, die Patienten starben,
    Und niemand fragte: wer genas?
1050   So haben wir mit höllischen Latwergen   *Latwerge:*
    In diesen Tälern, diesen Bergen   *Arznei gegen*
    Weit schlimmer als die Pest getobt.   *die Pest*
    Ich habe selbst den Gift an Tausende gegeben,
    Sie welkten hin, ich muss erleben,
1055   Dass man die frechen Mörder lobt.

WAGNER:
    Wie könnt Ihr Euch darum betrüben!
    Tut nicht ein braver Mann genug,
    Die Kunst, die man ihm übertrug,
    Gewissenhaft und pünktlich auszuüben?
1060   Wenn du, als Jüngling, deinen Vater ehrst,
    So wirst du gern von ihm empfangen;
    Wenn du, als Mann, die Wissenschaft vermehrst,
    So kann dein Sohn zu höhrem Ziel gelangen.

FAUST:
    O glücklich, wer noch hoffen kann,
1065   Aus diesem Meer des Irrtums aufzutauchen!
    Was man nicht weiß, das eben brauchte man,
    Und was man weiß, kann man nicht brauchen.
    Doch lass uns dieser Stunde schönes Gut
    Durch solchen Trübsinn nicht verkümmern!
1070   Betrachte, wie in Abendsonneglut

Der Tragödie erster Teil

Die grün umgebnen Hütten schimmern.
Sie rückt und weicht, der Tag ist überlebt,
Dort eilt sie hin und fördert neues Leben.
O dass kein Flügel mich vom Boden hebt,
1075 Ihr nach und immer nach zu streben!
Ich säh im ewigen Abendstrahl
Die stille Welt zu meinen Füßen,
Entzündet alle Höhn, beruhigt jedes Tal,
Den Silberbach in goldne Ströme fließen.
1080 Nicht hemmte dann den göttergleichen Lauf
Der wilde Berg mit allen seinen Schluchten;
Schon tut das Meer sich mit erwärmten Buchten
Vor den erstaunten Augen auf.
Doch scheint die Göttin endlich wegzusinken;   *Göttin: Abendsonne*
1085 Allein der neue Trieb erwacht,
Ich eile fort, ihr ew'ges Licht zu trinken,
Vor mir den Tag und hinter mir die Nacht,
Den Himmel über mir und unter mir die Wellen.
Ein schöner Traum, indessen sie entweicht.
1090 Ach! zu des Geistes Flügeln wird so leicht
Kein körperlicher Flügel sich gesellen.
Doch ist es jedem eingeboren,
Dass sein Gefühl hinauf- und vorwärtsdringt,
Wenn über uns, im blauen Raum verloren,
1095 Ihr schmetternd Lied die Lerche singt;
Wenn über schroffen Fichtenhöhen
Der Adler ausgebreitet schwebt
Und über Flächen, über Seen
Der Kranich nach der Heimat strebt.

WAGNER:

1100 Ich hatte selbst oft grillenhafte Stunden,
Doch solchen Trieb hab ich noch nie empfunden.
Man sieht sich leicht an Wald und Feldern satt;   *Fittich: Flügel*
Des Vogels Fittich werd ich nie beneiden.

Vor dem Tor

    Wie anders tragen uns die Geistesfreuden
1105 Von Buch zu Buch, von Blatt zu Blatt!
    Da werden Winternächte hold und schön,
    Ein selig Leben wärmet alle Glieder,
    Und ach! entrollst du gar ein würdig Pergamen,   *Pergamen: Pergament, Handschrift, auf Tierhaut*
    So steigt der ganze Himmel zu dir nieder.

FAUST:

1110 Du bist dir nur des einen Triebs bewusst;
    O lerne nie den andern kennen!
    Zwei Seelen wohnen, ach! in meiner Brust,
    Die eine will sich von der andern trennen;
    Die eine hält, in derber Liebeslust,
1115 Sich an die Welt mit klammernden Organen;
    Die andre hebt gewaltsam sich vom Dust   *Dust: Staub*
    Zu den Gefilden hoher Ahnen.
    O gibt es Geister in der Luft,
    Die zwischen Erd' und Himmel herrschend weben,
1120 So steiget nieder aus dem goldnen Duft
    Und führt mich weg zu neuem, buntem Leben!
    Ja, wäre nur ein Zaubermantel mein
    Und trüg er mich in fremde Länder!
    Mir sollt er um die köstlichsten Gewänder,
1125 Nicht feil um einen Königsmantel sein.

WAGNER:

    Berufe nicht die wohlbekannte Schar,   *wohlbekannte Schar: gemeint sind Windgeister, die aus den vier Himmelsrichtungen den Menschen heimsuchen*
    Die, strömend sich im Dunstkreis überbreitet,
    Dem Menschen tausendfältige Gefahr
    Von allen Enden her bereitet.
1130 Von Norden dringt der scharfe Geisterzahn
    Auf dich herbei, mit pfeilgespitzten Zungen;
    Von Morgen ziehn, vertrocknend, sie heran
    Und nähren sich von deinen Lungen;
    Wenn sie der Mittag aus der Wüste schickt,
1135 Die Glut auf Glut um deinen Scheitel häufen,

Der Tragödie erster Teil

So bringt der West den Schwarm, der erst erquickt,
Um dich und Feld und Aue zu ersäufen.
Sie hören gern, zum Schaden froh gewandt,
Gehorchen gern, weil sie uns gern betrügen;
1140 Sie stellen wie vom Himmel sich gesandt,
Und lispeln englisch, wenn sie lügen. *englisch: engelhaft*
Doch gehen wir! Ergraut ist schon die Welt,
Die Luft gekühlt, der Nebel fällt!
Am Abend schätzt man erst das Haus. –
1145 Was stehst du so und blickst erstaunt hinaus?
Was kann dich in der Dämmrung so ergreifen?

FAUST:
Siehst du den schwarzen Hund durch Saat und Stoppel streifen?

WAGNER:
Ich sah ihn lange schon, nicht wichtig schien er mir.

FAUST:
Betracht ihn recht! für was hältst du das Tier?

WAGNER:
1150 Für einen Pudel, der auf seine Weise *Pudel: hier ein kräftiger Jagdhund*
Sich auf der Spur des Herren plagt.

FAUST:
Bemerkst du, wie in weitem Schneckenkreise
Er um uns her und immer näher jagt?
Und irr ich nicht, so zieht ein Feuerstrudel
1155 Auf seinen Pfaden hinterdrein.

WAGNER:
Ich sehe nichts als einen schwarzen Pudel;
Es mag bei Euch wohl Augentäuschung sein.

FAUST:
Mir scheint es, dass er magisch leise Schlingen
Zu künft'gem Band um unsre Füße zieht.

Studierzimmer

WAGNER:
Ich seh ihn ungewiss und furchtsam uns umspringen,
Weil er, statt seines Herrn, zwei Unbekannte sieht.

FAUST:
Der Kreis wird eng, schon ist er nah!

WAGNER:
Du siehst! ein Hund, und kein Gespenst ist da.
Er knurrt und zweifelt, legt sich auf den Bauch.
Er wedelt. Alles Hundebrauch.

FAUST:
Geselle dich zu uns! Komm hier!

WAGNER:
Es ist ein pudelnärrisch Tier.
Du stehest still, er wartet auf;
Du sprichst ihn an, er strebt an dir hinauf;
Verliere was, er wird es bringen,
Nach deinem Stock ins Wasser springen.

FAUST:
Du hast wohl recht, ich finde nicht die Spur
Von einem Geist, und alles ist Dressur.

WAGNER:
Dem Hunde, wenn er gut gezogen,
Wird selbst ein weiser Mann gewogen.
Ja, deine Gunst verdient er ganz und gar,
Er, der Studenten trefflicher Skolar.
Sie gehen in das Stadttor.

Skolar: Schüler.
Pudel waren damals bei Studenten beliebte Haustiere.

Studierzimmer

FAUST *mit dem Pudel hereintretend:*
Verlassen hab ich Feld und Auen,
Die eine tiefe Nacht bedeckt,
Mit ahnungsvollem, heil'gem Grauen
In uns die bessre Seele weckt.

Der Tragödie erster Teil

Entschlafen sind nun wilde Triebe
Mit jedem ungestümen Tun;
Es reget sich die Menschenliebe,
Die Liebe Gottes regt sich nun.

Sei ruhig, Pudel! renne nicht hin und wider!
An der Schwelle was schnoperst du hier?   schnopern: schnuppern
Lege dich hinter den Ofen nieder,
Mein bestes Kissen geb ich dir.
Wie du draußen auf dem bergigen Wege
Durch Rennen und Springen ergetzt uns hast,
So nimm nun auch von mir die Pflege
Als ein willkommner stiller Gast.

Ach, wenn in unsrer engen Zelle
Die Lampe freundlich wieder brennt,
Dann wird's in unserm Busen helle,
Im Herzen, das sich selber kennt.
Vernunft fängt wieder an zu sprechen
Und Hoffnung wieder an zu blühn,
Man sehnt sich nach des Lebens Bächen,
Ach! nach des Lebens Quelle hin.

Knurre nicht, Pudel! Zu den heiligen Tönen,
Die jetzt meine ganze Seel' umfassen,
Will der tierische Laut nicht passen.
Wir sind gewohnt, dass die Menschen verhöhnen,
Was sie nicht verstehn,
Dass sie vor dem Guten und Schönen,
Das ihnen oft beschwerlich ist, murren;
Will es der Hund, wie sie, beknurren?

Aber ach! schon fühl ich, bei dem besten Willen,
Befriedigung nicht mehr aus dem Busen quillen.

Studierzimmer

Aber warum muss der Strom so bald versiegen,
Und wir wieder im Durste liegen?
Davon hab ich so viel Erfahrung.
1215 Doch dieser Mangel lässt sich ersetzen:
Wir lernen das Überirdische schätzen,
Wir sehnen uns nach Offenbarung,
Die nirgends würd'ger und schöner brennt
Als in dem Neuen Testament.
1220 Mich drängt's, den Grundtext aufzuschlagen,
Mit redlichem Gefühl einmal
Das heilige Original
In mein geliebtes Deutsch zu übertragen.
Er schlägt ein Volum auf und schickt sich an.   Volum:
Geschrieben steht: ›Im Anfang war das Wort!‹   Buch, Band
1225 Hier stock ich schon! Wer hilft mir weiter fort?
Ich kann das Wort so hoch unmöglich schätzen,
Ich muss es anders übersetzen,
Wenn ich vom Geiste recht erleuchtet bin.
Geschrieben steht: Im Anfang war der Sinn.
1230 Bedenke wohl die erste Zeile,
Dass deine Feder sich nicht übereile!
Ist es der Sinn, der alles wirkt und schafft?
Es sollte stehn: Im Anfang war die Kraft!
Doch, auch indem ich dieses niederschreibe,
1235 Schon warnt mich was, dass ich dabei nicht bleibe.
Mir hilft der Geist! Auf einmal seh ich Rat
Und schreibe getrost: Im Anfang war die Tat!

Soll ich mit dir das Zimmer teilen,
Pudel, so lass das Heulen,
1240 So lass das Bellen!
Solch einen störenden Gesellen
Mag ich nicht in der Nähe leiden.
Einer von uns beiden

Der Tragödie erster Teil

    Muss die Zelle meiden.
1245 Ungern heb ich das Gastrecht auf,
    Die Tür ist offen, hast freien Lauf.
    Aber was muss ich sehen!
    Kann das natürlich geschehen?
    Ist es Schatten? ist's Wirklichkeit?
1250 Wie wird mein Pudel lang und breit!
    Er hebt sich mit Gewalt,
    Das ist nicht eines Hundes Gestalt!
    Welch ein Gespenst bracht ich ins Haus!
    Schon sieht er wie ein Nilpferd aus,
1255 Mit feurigen Augen, schrecklichem Gebiss.
    O! du bist mir gewiss!
    Für solche halbe Höllenbrut
    Ist Salomonis Schlüssel gut.

GEISTER *auf dem Gange:*
    Drinnen gefangen ist einer!
1260 Bleibet haußen, folg ihm keiner!
    Wie im Eisen der Fuchs,
    Zagt ein alter Höllenluchs.
    Aber gebt acht!
    Schwebet hin, schwebet wider,
1265 Auf und nieder,
    Und er hat sich losgemacht.
    Könnt ihr ihm nützen,
    Lasst ihn nicht sitzen!
    Denn er tat uns allen
1270 Schon viel zu Gefallen.

FAUST:
Erst zu begegnen dem Tiere,
Brauch ich den Spruch der Viere:

    Salamander soll glühen,
    Undene sich winden,

Nilpferd: wurde zu Goethes Zeiten als Ungeheuer vorgestellt

Salomonis Schlüssel: antike Geheimschrift, in der Zauberformeln gesammelt sind

haußen: draußen

Spruch der Viere: magische Beschwörungsformel

Studierzimmer

Sylphe verschwinden,
Kobold sich mühen.

Wer sie nicht kennte,
Die Elemente,
Ihre Kraft
Und Eigenschaft,
Wäre kein Meister
Über die Geister.

Verschwind in Flammen,
Salamander!
Rauschend fließe zusammen,
Undene!
Leucht in Meteoren-Schöne,
Sylphe!
Bring häusliche Hilfe,
Incubus! Incubus!
Tritt hervor und mache den Schluss.

Incubus: Dämon, Naturgeist

Keines der viere
Steckt in dem Tiere.
Es liegt ganz ruhig und grinst mich an;
Ich hab ihm noch nicht wehgetan.
Du sollst mich hören
Stärker beschwören.

Bist du Geselle
Ein Flüchtling der Hölle?
So sieh dies Zeichen,
Dem sie sich beugen,
Die schwarzen Scharen!

Zeichen: wahrscheinlich das Kreuz als Zeichen des Christentums

Schon schwillt es auf mit borstigen Haaren.

Der Tragödie erster Teil

<small>1305</small>
Verworfnes Wesen!
Kannst du ihn lesen?
Den nie Entsprossnen
Unausgesprochnen,
Durch alle Himmel Gegossnen,
Freventlich Durchstochnen?

Entsprossnen ... Durchstochnen: hiermit ist Jesus Christus gemeint

<small>1310</small> Hinter den Ofen gebannt,
Schwillt es wie ein Elefant,
Den ganzen Raum füllt es an,
Es will zum Nebel zerfließen.
Steige nicht zur Decke hinan!
<small>1315</small> Lege dich zu des Meisters Füßen!
Du siehst, dass ich nicht vergebens drohe.
Ich versenge dich mit heiliger Lohe!
Erwarte nicht
Das dreimal glühende Licht!
<small>1320</small> Erwarte nicht
Die stärkste von meinen Künsten!

Lohe: Glut

Mephistopheles tritt, indem der Nebel fällt, gekleidet wie ein fahrender Scholastikus, hinter dem Ofen hervor.

MEPHISTOPHELES:
Wozu der Lärm? was steht dem Herrn zu Diensten?

FAUST:
Das also war des Pudels Kern!
Ein fahrender Skolast? Der Casus macht mich lachen.

Casus: Fall

MEPHISTOPHELES:
<small>1325</small> Ich salutiere den gelehrten Herrn!
Ihr habt mich weidlich schwitzen machen.

salutieren: ehrerbietig grüßen

FAUST:
Wie nennst du dich?

MEPHISTOPHELES:
Die Frage scheint mir klein

Studierzimmer

Für einen, der das Wort so sehr verachtet,
Der, weit entfernt von allem Schein,
Nur in der Wesen Tiefe trachtet.

FAUST:
Bei euch, ihr Herrn, kann man das Wesen
Gewöhnlich aus dem Namen lesen,
Wo es sich allzu deutlich weist,
Wenn man euch Fliegengott, Verderber, Lügner heißt.
Nun gut, wer bist du denn?

MEPHISTOPHELES:
      Ein Teil von jener Kraft,
Die stets das Böse will und stets das Gute schafft.

FAUST:
Was ist mit diesem Rätselwort gemeint?

MEPHISTOPHELES:
Ich bin der Geist, der stets verneint!
Und das mit Recht; denn alles, was entsteht,
Ist wert, dass es zugrunde geht;
Drum besser wär's, dass nichts entstünde.
So ist denn alles, was ihr Sünde,
Zerstörung, kurz das Böse nennt,
Mein eigentliches Element.

FAUST:
Du nennst dich einen Teil und stehst doch ganz vor mir?

MEPHISTOPHELES:
Bescheidne Wahrheit sprech ich dir.
Wenn sich der Mensch, die kleine Narrenwelt,
Gewöhnlich für ein Ganzes hält –
Ich bin ein Teil des Teils, der anfangs alles war,
Ein Teil der Finsternis, die sich das Licht gebar,
Das stolze Licht, das nun der Mutter Nacht
Den alten Rang, den Raum ihr streitig macht,
Und doch gelingt's ihm nicht, da es, so viel es strebt,

Der Tragödie erster Teil

Verhaftet an den Körpern klebt.
Von Körpern strömt's, die Körper macht es schön,
Ein Körper hemmt's auf seinem Gange,
So, hoff ich, dauert es nicht lange,
Und mit den Körpern wird's zugrunde gehn.

FAUST:
Nun kenn ich deine würd'gen Pflichten!
Du kannst im Großen nichts vernichten
Und fängst es nun im Kleinen an.

MEPHISTOPHELES:
Und freilich ist nicht viel damit getan.
Was sich dem Nichts entgegenstellt,
Das Etwas, diese plumpe Welt,
So viel als ich schon unternommen,
Ich wusste nicht ihr beizukommen,
Mit Wellen, Stürmen, Schütteln, Brand –
Geruhig bleibt am Ende Meer und Land!
Und dem verdammten Zeug, der Tier- und
                                        Menschenbrut,
Dem ist nun gar nichts anzuhaben:
Wie viele hab ich schon begraben!
Und immer zirkuliert ein neues, frisches Blut.
So geht es fort, man möchte rasend werden!
Der Luft, dem Wasser, wie der Erden
Entwinden tausend Keime sich,
Im Trocknen, Feuchten, Warmen, Kalten!
Hätt ich mir nicht die Flamme vorbehalten,
Ich hätte nichts Aparts für mich.

FAUST:
So setzest du der ewig regen,
Der heilsam schaffenden Gewalt
Die kalte Teufelsfaust entgegen,
Die sich vergebens tückisch ballt!

Körper: Mephistopheles bezieht sich auf die mittelalterliche Lehre, dass das Licht nur sichtbar wird, wenn es von Körpern gebrochen wird.

Aparts: Eigenes

Studierzimmer

Was anders suche zu beginnen,
Des Chaos wunderlicher Sohn!

MEPHISTOPHELES:

Wir wollen wirklich uns besinnen,
Die nächsten Male mehr davon!
Dürft ich wohl diesmal mich entfernen?

FAUST:

Ich sehe nicht, warum du fragst.
Ich habe jetzt dich kennen lernen,
Besuche nun mich, wie du magst.
Hier ist das Fenster, hier die Türe,
Ein Rauchfang ist dir auch gewiss.

MEPHISTOPHELES:

Gesteh ich's nur! dass ich hinausspaziere,
Verbietet mir ein kleines Hindernis,
Der Drudenfuß auf Eurer Schwelle –

FAUST:

Das Pentagramma macht dir Pein?
Ei sage mir, du Sohn der Hölle,
Wenn das dich bannt, wie kamst du denn herein?
Wie ward ein solcher Geist betrogen?

MEPHISTOPHELES:

Beschaut es recht! Es ist nicht gut gezogen:
Der eine Winkel, der nach außen zu,
Ist, wie du siehst, ein wenig offen.

FAUST:

Das hat der Zufall gut getroffen!
Und mein Gefangner wärst denn du?
Das ist von ungefähr gelungen!

MEPHISTOPHELES:

Der Pudel merkte nichts, als er hereingesprungen,
Die Sache sieht jetzt anders aus:
Der Teufel kann nicht aus dem Haus.

Drudenfuß: Pentagramm, Schutzzeichen vor Dämonen

Der Tragödie erster Teil

FAUST:
Doch warum gehst du nicht durchs Fenster?
MEPHISTOPHELES:
's ist ein Gesetz der Teufel und Gespenster:
Wo sie hereingeschlüpft, da müssen sie hinaus.
Das Erste steht uns frei, beim Zweiten sind wir
                                        Knechte.
FAUST:
Die Hölle selbst hat ihre Rechte?
Das find ich gut, da ließe sich ein Pakt,
Und sicher wohl, mit euch, ihr Herren, schließen?
MEPHISTOPHELES:
Was man verspricht, das sollst du rein genießen,
Dir wird davon nichts abgezwackt.
Doch das ist nicht so kurz zu fassen,
Und wir besprechen das zunächst;
Doch jetzo bitt ich hoch und höchst,
Für dieses Mal mich zu entlassen.
FAUST:
So bleibe doch noch einen Augenblick,
Um mir erst gute Mär zu sagen.
MEPHISTOPHELES:
Jetzt lass mich los! Ich komme bald zurück,
Dann magst du nach Belieben fragen.
FAUST:
Ich habe dir nicht nachgestellt,
Bist du doch selbst ins Garn gegangen.
Den Teufel halte, wer ihn hält!
Er wird ihn nicht so bald zum zweiten Male fangen.
MEPHISTOPHELES:
Wenn dir's beliebt, so bin ich auch bereit,
Dir zur Gesellschaft hier zu bleiben;
Doch mit Bedingnis, dir die Zeit — Bedingnis: Bedingung
Durch meine Künste würdig zu vertreiben.

Studierzimmer

FAUST:
Ich seh es gern, das steht dir frei;
Nur dass die Kunst gefällig sei!
MEPHISTOPHELES:
Du wirst, mein Freund, für deine Sinnen
In dieser Stunde mehr gewinnen
Als in des Jahres Einerlei.
Was dir die zarten Geister singen,
Die schönen Bilder, die sie bringen,
Sind nicht ein leeres Zauberspiel.
Auch dein Geruch wird sich ergetzen,
Dann wirst du deinen Gaumen letzen,
Und dann entzückt sich dein Gefühl.
Bereitung braucht es nicht voran,
Beisammen sind wir, fanget an!
GEISTER:
Schwindet, ihr dunkeln
Wölbungen droben!
Reizender schaue
Freundlich der blaue
Äther herein!
Wären die dunkeln
Wolken zerronnen!
Sternelein funkeln,
Mildere Sonnen
Scheinen darein.
Himmlischer Söhne
Geistige Schöne,
Schwankende Beugung
Schwebet vorüber.
Sehnende Neigung
Folget hinüber;
Und der Gewänder
Flatternde Bänder

Der Tragödie erster Teil

1465 Decken die Länder,
Decken die Laube,
Wo sich fürs Leben,
Tief in Gedanken,
Liebende geben.
1470 Laube bei Laube!
Sprossende Ranken!
Lastende Traube
Stürzt ins Behälter
Drängender Kelter,
1475 Stürzen in Bächen
Schäumende Weine,
Rieseln durch reine,
Edle Gesteine,
Lassen die Höhen
1480 Hinter sich liegen,
Breiten zu Seen
Sich ums Genügen
Grünender Hügel.
Und das Geflügel
1485 Schlürfet sich Wonne,
Flieget der Sonne,
Flieget den hellen
Inseln entgegen,
Die sich auf Wellen
1490 Gauklend bewegen;
Wo wir in Chören
Jauchzende hören,
Über den Auen
Tanzende schauen,
1495 Die sich im Freien
Alle zerstreuen.
Einige klimmen
Über die Höhen,

Studierzimmer

       Andere schwimmen
       Über die Seen,
       Andere schweben;
       Alle zum Leben,
       Alle zur Ferne
       Liebender Sterne,
       Seliger Huld.

MEPHISTOPHELES:
Er schläft! So recht, ihr luft'gen zarten Jungen!
Ihr habt ihn treulich eingesungen!   *eingesungen: in den Schlaf gesungen*
Für dies Konzert bin ich in eurer Schuld.
Du bist noch nicht der Mann, den Teufel festzuhalten!
Umgaukelt ihn mit süßen Traumgestalten,
Versenkt ihn in ein Meer des Wahns;
Doch dieser Schwelle Zauber zu zerspalten,
Bedarf ich eines Rattenzahns.
Nicht lange brauch ich zu beschwören,
Schon raschelt eine hier und wird sogleich mich hören.
Der Herr der Ratten und der Mäuse,
Der Fliegen, Frösche, Wanzen, Läuse
Befiehlt dir, dich hervorzuwagen
Und diese Schwelle zu benagen,
Sowie er sie mit Öl betupft –
Da kommst du schon hervorgehupft!
Nur frisch ans Werk! Die Spitze, die mich bannte,
Sie sitzt ganz vornen an der Kante.
Noch einen Biss, so ist's geschehn. –
Nun, Fauste, träume fort, bis wir uns wiedersehn.

FAUST *erwachend:*
Bin ich denn abermals betrogen?
Verschwindet so der geisterreiche Drang,
Dass mir ein Traum den Teufel vorgelogen
Und dass ein Pudel mir entsprang?

Der Tragödie erster Teil

Studierzimmer

Faust, Mephistopheles

FAUST:
Es klopft? Herein! Wer will mich wieder plagen?
MEPHISTOPHELES:
Ich bin's.
FAUST:
Herein!
MEPHISTOPHELES:
Du musst es dreimal sagen.
FAUST:
Herein denn!
MEPHISTOPHELES:
So gefällst du mir.
Wir werden, hoff ich, uns vertragen!
Denn dir die Grillen zu verjagen,
Bin ich als edler Junker hier,   *edler Junker: adliger Kavalier*
In rotem, goldverbrämtem Kleide,
Das Mäntelchen von starrer Seide,
Die Hahnenfeder auf dem Hut,
Mit einem langen spitzen Degen,
Und rate nun dir, kurz und gut,
Dergleichen gleichfalls anzulegen;
Damit du, losgebunden, frei,
Erfahrest, was das Leben sei.
FAUST:
In jedem Kleide werd ich wohl die Pein
Des engen Erdelebens fühlen.
Ich bin zu alt, um nur zu spielen,
Zu jung, um ohne Wunsch zu sein.
Was kann die Welt mir wohl gewähren?
Entbehren sollst du! sollst entbehren!
Das ist der ewige Gesang,

Studierzimmer

Der jedem an die Ohren klingt,
Den, unser ganzes Leben lang,
Uns heiser jede Stunde singt.
Nur mit Entsetzen wach ich morgens auf,
Ich möchte bittre Tränen weinen,
Den Tag zu sehn, der mir in seinem Lauf
Nicht e i n e n Wunsch erfüllen wird, nicht e i n e n,
Der selbst die Ahnung jeder Lust
Mit eigensinnigem Krittel mindert,
Die Schöpfung meiner regen Brust
Mit tausend Lebensfratzen hindert.
Auch muss ich, wenn die Nacht sich niedersenkt,
Mich ängstlich auf das Lager strecken;
Auch da wird keine Rast geschenkt,
Mich werden wilde Träume schrecken.
Der Gott, der mir im Busen wohnt,
Kann tief mein Innerstes erregen;
Der über allen meinen Kräften thront,
Er kann nach außen nichts bewegen;
Und so ist mir das Dasein eine Last,
Der Tod erwünscht, das Leben mir verhasst.

MEPHISTOPHELES:
Und doch ist nie der Tod ein ganz willkommner Gast.

FAUST:
O selig der, dem er im Siegesglanze
Die blut'gen Lorbeern um die Schläfe windet,
Den er, nach rasch durchrastem Tanze,
In eines Mädchens Armen findet!
O wär ich vor des hohen Geistes Kraft
Entzückt, entseelt dahingesunken!

MEPHISTOPHELES:
Und doch hat jemand einen braunen Saft,
In jener Nacht, nicht ausgetrunken.

Krittel: kleinliches Mäkeln

Der Tragödie erster Teil

FAUST:
  Das Spionieren, scheint's, ist deine Lust.
MEPHISTOPHELES:
  Allwissend bin ich nicht; doch viel ist mir bewusst.
FAUST:
  Wenn aus dem schrecklichen Gewühle
  Ein süß bekannter Ton mich zog,
1585 Den Rest von kindlichem Gefühle
  Mit Anklang froher Zeit betrog,
  So fluch ich allem, was die Seele
  Mit Lock- und Gaukelwerk umspannt
  Und sie in diese Trauerhöhle
1590 Mit Blend- und Schmeichelkräften bannt!
  Verflucht voraus die hohe Meinung,
  Womit der Geist sich selbst umfängt!
  Verflucht das Blenden der Erscheinung,
  Die sich an unsre Sinne drängt!
1595 Verflucht, was uns in Träumen heuchelt,
  Des Ruhms, der Namensdauer Trug!
  Verflucht, was als Besitz uns schmeichelt,
  Als Weib und Kind, als Knecht und Pflug!
  Verflucht sei Mammon, wenn mit Schätzen   Mammon:
1600 Er uns zu kühnen Taten regt,   Reichtum
  Wenn er zu müßigem Ergetzen
  Die Polster uns zurechtelegt!
  Fluch sei dem Balsamsaft der Trauben!
  Fluch jener höchsten Liebeshuld!
1605 Fluch sei der Hoffnung! Fluch dem Glauben,
  Und Fluch vor allen der Geduld!
GEISTERCHOR *unsichtbar:*
    Weh! weh!
    Du hast sie zerstört,
    Die schöne Welt,
1610   Mit mächtiger Faust;

Studierzimmer

> Sie stürzt, sie zerfällt!
> Ein Halbgott hat sie zerschlagen!
> Wir tragen
> Die Trümmern ins Nichts hinüber,
> Und klagen
> Über die verlorne Schöne.
> Mächtiger
> Der Erdensöhne,
> Prächtiger
> Baue sie wieder,
> In deinem Busen baue sie auf!
> Neuen Lebenslauf
> Beginne,
> Mit hellem Sinne,
> Und neue Lieder
> Tönen darauf!

MEPHISTOPHELES:
> Dies sind die Kleinen
> Von den Meinen.
> Höre, wie zu Lust und Taten
> Altklug sie raten!
> In die Welt weit,
> Aus der Einsamkeit,
> Wo Sinnen und Säfte stocken,
> Wollen sie dich locken.

altklug: hier positiv zu verstehen

Hör auf, mit deinem Gram zu spielen,
Der, wie ein Geier, dir am Leben frisst;
Die schlechteste Gesellschaft lässt dich fühlen,
Dass du ein Mensch mit Menschen bist.
Doch so ist's nicht gemeint,
Dich unter das Pack zu stoßen.
Ich bin keiner von den Großen;
Doch willst du mit mir vereint

Der Tragödie erster Teil

Deine Schritte durchs Leben nehmen,
So will ich mich gern bequemen,
Dein zu sein, auf der Stelle.
Ich bin dein Geselle,
Und mach ich dir's recht,
Bin ich dein Diener, bin dein Knecht!

FAUST:
Und was soll ich dagegen dir erfüllen?

MEPHISTOPHELES:
Dazu hast du noch eine lange Frist.

FAUST:
Nein, nein! der Teufel ist ein Egoist
Und tut nicht leicht um Gottes willen,
Was einem andern nützlich ist.
Sprich die Bedingung deutlich aus;
Ein solcher Diener bringt Gefahr ins Haus.

MEPHISTOPHELES:
Ich will mich hier zu deinem Dienst verbinden,   verbinden:
Auf deinen Wink nicht rasten und nicht ruhn;   verpflichten
Wenn wir uns drüben wiederfinden,
So sollst du mir das Gleiche tun.

FAUST:
Das Drüben kann mich wenig kümmern;
Schlägst du erst diese Welt zu Trümmern,
Die andre mag darnach entstehn.
Aus dieser Erde quillen meine Freuden,
Und diese Sonne scheinet meinen Leiden;
Kann ich mich erst von ihnen scheiden,
Dann mag, was will und kann, geschehn.
Davon will ich nichts weiter hören,
Ob man auch künftig hasst und liebt
Und ob es auch in jenen Sphären
Ein Oben oder Unten gibt.

Studierzimmer

MEPHISTOPHELES:
In diesem Sinne kannst du's wagen.
Verbinde dich; du sollst, in diesen Tagen,
Mit Freuden meine Künste sehn,
Ich gebe dir, was noch kein Mensch gesehn.

FAUST:
1675 Was willst du armer Teufel geben?
Ward eines Menschen Geist, in seinem hohen Streben,
Von deinesgleichen je gefasst?   gefasst: verstanden
Doch hast du Speise, die nicht sättigt, hast
Du rotes Gold, das ohne Rast,
1680 Quecksilber gleich, dir in der Hand zerrinnt,
Ein Spiel, bei dem man nie gewinnt,
Ein Mädchen, das an meiner Brust
Mit Äugeln schon dem Nachbarn sich verbindet,
Der Ehre schöne Götterlust,
1685 Die, wie ein Meteor, verschwindet.
Zeig mir die Frucht, die fault, eh' man sie bricht,
Und Bäume, die sich täglich neu begrünen!

MEPHISTOPHELES:
Ein solcher Auftrag schreckt mich nicht,
Mit solchen Schätzen kann ich dienen.
1690 Doch, guter Freund, die Zeit kommt auch heran,
Wo wir was Guts in Ruhe schmausen mögen.

FAUST:
Werd ich beruhigt je mich auf ein Faulbett legen,
So sei es gleich um mich getan!
Kannst du mich schmeichelnd je belügen,
1695 Dass ich mir selbst gefallen mag,
Kannst du mich mit Genuss betrügen:
Das sei für mich der letzte Tag!
Die Wette biet ich!

MEPHISTOPHELES:
           Topp!

Der Tragödie erster Teil

FAUST:
                    Und Schlag auf Schlag!
Werd ich zum Augenblicke sagen:
Verweile doch! du bist so schön!
Dann magst du mich in Fesseln schlagen,
Dann will ich gern zugrunde gehn!
Dann mag die Totenglocke schallen,
Dann bist du deines Dienstes frei,
Die Uhr mag stehn, der Zeiger fallen,
Es sei die Zeit für mich vorbei!

MEPHISTOPHELES:
Bedenk es wohl, wir werden's nicht vergessen.

FAUST:
Dazu hast du ein volles Recht;
Ich habe mich nicht freventlich vermessen.
Wie ich beharre, bin ich Knecht,
Ob dein, was frag ich, oder wessen.

wie ich beharre: wenn ich in Zufriedenheit verharre

MEPHISTOPHELES:
Ich werde heute gleich, beim Doktorschmaus,
Als Diener, meine Pflicht erfüllen.
Nur eins! – Um Lebens oder Sterbens willen
Bitt ich mir ein paar Zeilen aus.

FAUST:
Auch was Geschriebnes forderst du Pedant?
Hast du noch keinen Mann, nicht Manneswort
                                  gekannt?
Ist's nicht genug, dass mein gesprochnes Wort
Auf ewig soll mit meinen Tagen schalten?
Rast nicht die Welt in allen Strömen fort,
Und mich soll ein Versprechen halten?
Doch dieser Wahn ist uns ins Herz gelegt,
Wer mag sich gern davon befreien?
Beglückt, wer Treue rein im Busen trägt,
Kein Opfer wird ihn je gereuen!

Studierzimmer

Allein ein Pergament, beschrieben und beprägt,
Ist ein Gespenst, vor dem sich alle scheuen.
Das Wort erstirbt schon in der Feder,
Die Herrschaft führen Wachs und Leder.
Was willst du, böser Geist, von mir?
Erz, Marmor, Pergament, Papier?
Soll ich mit Griffel, Meißel, Feder schreiben?
Ich gebe jede Wahl dir frei.

MEPHISTOPHELES:
Wie magst du deine Rednerei
Nur gleich so hitzig übertreiben?
Ist doch ein jedes Blättchen gut.
Du unterzeichnest dich mit einem Tröpfchen Blut.

FAUST:
Wenn dies dir völlig G'nüge tut,
So mag es bei der Fratze bleiben.

MEPHISTOPHELES:
Blut ist ein ganz besondrer Saft.

FAUST:
Nur keine Furcht, dass ich dies Bündnis breche!
Das Streben meiner ganzen Kraft
Ist grade das, was ich verspreche.
Ich habe mich zu hoch gebläht,
In deinen Rang gehör ich nur.
Der große Geist hat mich verschmäht,   *großer Geist: gemeint ist der Erdgeist*
Vor mir verschließt sich die Natur.
Des Denkens Faden ist zerrissen,
Mir ekelt lange vor allem Wissen.
Lass in den Tiefen der Sinnlichkeit
Uns glühende Leidenschaften stillen!
In undurchdrungnen Zauberhüllen
Sei jedes Wunder gleich bereit!
Stürzen wir uns in das Rauschen der Zeit,
Ins Rollen der Begebenheit!

Der Tragödie erster Teil

> Da mag denn Schmerz und Genuss,
> Gelingen und Verdruss
> Miteinander wechseln, wie es kann;
> Nur rastlos betätigt sich der Mann.

MEPHISTOPHELES:

1760 Euch ist kein Maß und Ziel gesetzt.
> Beliebt's Euch, überall zu naschen,
> Im Fliehen etwas zu erhaschen,
> Bekomm Euch wohl, was Euch ergetzt.
> Nur greift mir zu und seid nicht blöde!

FAUST:

1765 Du hörest ja, von Freud' ist nicht die Rede.
> Dem Taumel weih ich mich, dem schmerzlichsten
> > Genuss,
> Verliebtem Hass, erquickendem Verdruss.
> Mein Busen, der vom Wissensdrang geheilt ist,
> Soll keinen Schmerzen künftig sich verschließen,
1770 Und was der ganzen Menschheit zugeteilt ist,
> Will ich in meinem innern Selbst genießen,
> Mit meinem Geist das Höchst' und Tiefste greifen,
> Ihr Wohl und Weh auf meinen Busen häufen,
> Und so mein eigen Selbst zu ihrem Selbst erweitern,
1775 Und, wie sie selbst, am End' auch ich zerscheitern.

zerscheitern: scheitern, untergehen

MEPHISTOPHELES:

> O glaube mir, der manche tausend Jahre
> An dieser harten Speise kaut,
> Dass von der Wiege bis zur Bahre
> Kein Mensch den alten Sauerteig verdaut!
1780 Glaub unsereinem: dieses Ganze
> Ist nur für einen Gott gemacht!
> Er findet sich in einem ew'gen Glanze,
> Uns hat er in die Finsternis gebracht,
> Und euch taugt einzig Tag und Nacht.

Studierzimmer

FAUST:
Allein ich will!
MEPHISTOPHELES:
Das lässt sich hören!
Doch nur vor einem ist mir bang:
Die Zeit ist kurz, die Kunst ist lang.
Ich dächt, Ihr ließet Euch belehren.
Assoziiert Euch mit einem Poeten,
Lasst den Herrn in Gedanken schweifen,
Und alle edlen Qualitäten
Auf Euren Ehrenscheitel häufen,
Des Löwen Mut,
Des Hirsches Schnelligkeit,
Des Italieners feurig Blut,
Des Nordens Dau'rbarkeit.
Lasst ihn Euch das Geheimnis finden,
Großmut und Arglist zu verbinden,
Und Euch, mit warmen Jugendtrieben,
Nach einem Plane zu verlieben.
Möchte selbst solch einen Herren kennen,
Würd ihn Herrn Mikrokosmus nennen.
FAUST:
Was bin ich denn, wenn es nicht möglich ist,
Der Menschheit Krone zu erringen,
Nach der sich alle Sinne dringen?
MEPHISTOPHELES:
Du bist am Ende – was du bist.
Setz dir Perücken auf von Millionen Locken,
Setz deinen Fuß auf ellenhohe Socken,
Du bleibst doch immer, was du bist.
FAUST:
Ich fühl's, vergebens hab ich alle Schätze
Des Menschengeists auf mich herbeigerafft,
Und wenn ich mich am Ende niedersetze,

Mikrokosmus: Mephistopheles zitiert hier – ironisch gebrochen – die Vorstellung, dass der Mensch in sich die Strukturen des Universums abbildet.

Der Tragödie erster Teil

    Quillt innerlich doch keine neue Kraft;
    Ich bin nicht um ein Haarbreit höher,
1815   Bin dem Unendlichen nicht näher.

MEPHISTOPHELES:
    Mein guter Herr, Ihr seht die Sachen,
    Wie man die Sachen eben sieht;
    Wir müssen das gescheiter machen,
    Eh' uns des Lebens Freude flieht.
1820   Was Henker! freilich Händ' und Füße
    Und Kopf und H[intern], die sind dein;
    Doch alles, was ich frisch genieße,
    Ist das drum weniger mein?
    Wenn ich sechs Hengste zahlen kann,
1825   Sind ihre Kräfte nicht die meine?
    Ich renne zu und bin ein rechter Mann,
    Als hätt ich vierundzwanzig Beine.
    Drum frisch! Lass alles Sinnen sein,
    Und grad' mit in die Welt hinein!
1830   Ich sag es dir: ein Kerl, der spekuliert,
    Ist wie ein Tier, auf dürrer Heide
    Von einem bösen Geist im Kreis herumgeführt,
    Und rings umher liegt schöne grüne Weide.

FAUST:
    Wie fangen wir das an?

MEPHISTOPHELES:
                    Wir gehen eben fort.
1835   Was ist das für ein Marterort?
    Was heißt das für ein Leben führen,
    Sich und die Jungens ennuyieren?
    Lass du das dem Herrn Nachbar Wanst!
    Was willst du dich das Stroh zu dreschen plagen?
1840   Das Beste, was du wissen kannst,
    Darfst du den Buben doch nicht sagen.
    Gleich hör ich einen auf dem Gange!

ennuyieren: langweilen

Studierzimmer

FAUST:
Mir ist's nicht möglich, ihn zu sehn.
MEPHISTOPHELES:
Der arme Knabe wartet lange,
1845 Der darf nicht ungetröstet gehn.
Komm, gib mir deinen Rock und Mütze;
Die Maske muss mir köstlich stehn.
Er kleidet sich um.
Nun überlass es meinem Witze!   Witz:
Ich brauche nur ein Viertelstündchen Zeit;   Verstand, Schlagfertigkeit
1850 Indessen mache dich zur schönen Fahrt bereit! *Faust ab.*
MEPHISTOPHELES *in Fausts langem Kleide:*
Verachte nur Vernunft und Wissenschaft,
Des Menschen allerhöchste Kraft,
Lass nur in Blend- und Zauberwerken
Dich von dem Lügengeist bestärken,
1855 So hab ich dich schon unbedingt –
Ihm hat das Schicksal einen Geist gegeben,
Der ungebändigt immer vorwärtsdringt,
Und dessen übereiltes Streben
Der Erde Freuden überspringt.
1860 Den schlepp ich durch das wilde Leben,
Durch flache Unbedeutenheit,
Er soll mir zappeln, starren, kleben,
Und seiner Unersättlichkeit
Soll Speis' und Trank vor gier'gen Lippen schweben;
1865 Er wird Erquickung sich umsonst erflehn,
Und hätt er sich auch nicht dem Teufel übergeben,
Er müsste doch zugrunde gehn!

Ein Schüler tritt auf.
SCHÜLER:
Ich bin allhier erst kurze Zeit
Und komme voll Ergebenheit,

Einen Mann zu sprechen und zu kennen,
Den alle mir mit Ehrfurcht nennen.

MEPHISTOPHELES:
Eure Höflichkeit erfreut mich sehr!
Ihr seht einen Mann wie andre mehr.
Habt Ihr Euch sonst schon umgetan?

SCHÜLER:
Ich bitt Euch, nehmt Euch meiner an!
Ich komme mit allem guten Mut,
Leidlichem Geld und frischem Blut;
Meine Mutter wollte mich kaum entfernen;
Möchte gern was Rechts hieraußen lernen.

MEPHISTOPHELES:
Da seid Ihr eben recht am Ort.

SCHÜLER:
Aufrichtig, möchte schon wieder fort:
In diesen Mauern, diesen Hallen
Will es mir keineswegs gefallen.
Es ist ein gar beschränkter Raum,
Man sieht nichts Grünes, keinen Baum,
Und in den Sälen auf den Bänken
Vergeht mir Hören, Sehn und Denken.

MEPHISTOPHELES:
Das kommt nur auf Gewohnheit an.
So nimmt ein Kind der Mutter Brust
Nicht gleich im Anfang willig an,
Doch bald ernährt es sich mit Lust.
So wird's Euch an der Weisheit Brüsten
Mit jedem Tage mehr gelüsten.

SCHÜLER:
An ihrem Hals will ich mit Freuden hangen;
Doch sagt mir nur, wie kann ich hingelangen?

Studierzimmer

MEPHISTOPHELES:
Erklärt Euch, eh' Ihr weiter geht,
Was wählt Ihr für eine Fakultät?
SCHÜLER:
Ich wünschte recht gelehrt zu werden,
Und möchte gern, was auf der Erden
1900 Und in dem Himmel ist, erfassen,
Die Wissenschaft und die Natur.
MEPHISTOPHELES:
Da seid Ihr auf der rechten Spur;
Doch müsst Ihr Euch nicht zerstreuen lassen.   zerstreuen: ablenken
SCHÜLER:
Ich bin dabei mit Seel' und Leib;
1905 Doch freilich würde mir behagen
Ein wenig Freiheit und Zeitvertreib
An schönen Sommerfeiertagen.
MEPHISTOPHELES:
Gebraucht der Zeit, sie geht so schnell von hinnen,
Doch Ordnung lehrt Euch Zeit gewinnen.
1910 Mein teurer Freund, ich rat, Euch drum
Zuerst Collegium Logicum.
Da wird der Geist Euch wohl dressiert,
In spanische Stiefeln eingeschnürt,
Dass er bedächtiger so fortan
1915 Hinschleiche die Gedankenbahn,
Und nicht etwa, die Kreuz und Quer,
Irrlichteliere hin und her.
Dann lehret man Euch manchen Tag,
Dass, was Ihr sonst auf einen Schlag
1920 Getrieben, wie Essen und Trinken frei,
Eins! Zwei! Drei! dazu nötig sei.
Zwar ist's mit der Gedankenfabrik
Wie mit einem Weber-Meisterstück,
Wo ein Tritt tausend Fäden regt,

Collegium Logicum: verpflichtender Logikkurs an den Universitäten

spanische Stiefel: mittelalterliches Folterinstrument, Beinschraube

Tritt / Schifflein / Schlag: Fachbegriffe aus dem Weberhandwerk

Der Tragödie erster Teil

Die Schifflein herüber hinüber schießen,
Die Fäden ungesehen fließen,
Ein Schlag tausend Verbindungen schlägt.
Der Philosoph, der tritt herein
Und beweist Euch, es müsst so sein:
Das Erst' wär so, das Zweite so,
Und drum das Dritt' und Vierte so;
Und wenn das Erst' und Zweit' nicht wär,
Das Dritt' und Viert' wär nimmermehr.
Das preisen die Schüler allerorten,
Sind aber keine Weber geworden.
Wer will was Lebendigs erkennen und beschreiben,
Sucht erst den Geist herauszutreiben,
Dann hat er die Teile in seiner Hand,
Fehlt leider! nur das geistige Band.
Encheiresin naturae nennt's die Chemie,
Spottet ihrer selbst und weiß nicht wie.

SCHÜLER:

Kann Euch nicht eben ganz verstehen.

MEPHISTOPHELES:

Das wird nächstens schon besser gehen,
Wenn Ihr lernt alles reduzieren
Und gehörig klassifizieren.

SCHÜLER:

Mir wird von alledem so dumm,
Als ging mir ein Mühlrad im Kopf herum.

MEPHISTOPHELES:

Nachher, vor allen andern Sachen,
Müsst Ihr Euch an die Metaphysik machen!
Da seht, dass Ihr tiefsinnig fasst,
Was in des Menschen Hirn nicht passt;
Für was dreingeht und nicht dreingeht,
Ein prächtig Wort zu Diensten steht.
Doch vorerst dieses halbe Jahr

Encheiresin naturae: Handschrift der Natur. Damit ist in der Chemie die lebensschöpfende Kraft gemeint.

Studierzimmer

Nehmt ja der besten Ordnung wahr.
Fünf Stunden habt Ihr jeden Tag;
Seid drinnen mit dem Glockenschlag!
Habt Euch vorher wohl präpariert,
Paragraphos wohl einstudiert,
Damit Ihr nachher besser seht,
Dass er nichts sagt, als was im Buche steht;
Doch Euch des Schreibens ja befleißt,
Als diktiert' Euch der Heilig' Geist!

Paragraphos einstudiert: gelernt, was in den Büchern steht

SCHÜLER:
Das sollt Ihr mir nicht zweimal sagen!
Ich denke mir, wie viel es nützt;
Denn, was man schwarz auf weiß besitzt,
Kann man getrost nach Hause tragen.

MEPHISTOPHELES:
Doch wählt mir eine Fakultät!

SCHÜLER:
Zur Rechtsgelehrsamkeit kann ich mich nicht
                                                bequemen.

MEPHISTOPHELES:
Ich kann es Euch so sehr nicht übelnehmen,
Ich weiß, wie es um diese Lehre steht.
Es erben sich Gesetz' und Rechte
Wie eine ew'ge Krankheit fort,
Sie schleppen von Geschlecht sich zum Geschlechte
Und rücken sacht von Ort zu Ort.
Vernunft wird Unsinn, Wohltat Plage;
Weh dir, dass du ein Enkel bist!
Vom Rechte, das mit uns geboren ist,
Von dem ist leider! nie die Frage.

Recht, das mit uns geboren ist: Naturrecht

SCHÜLER:
Mein Abscheu wird durch Euch vermehrt.
O glücklich der, den Ihr belehrt!
Fast möcht ich nun Theologie studieren.

Der Tragödie erster Teil

MEPHISTOPHELES:
Ich wünschte nicht, Euch irrezuführen.
Was diese Wissenschaft betrifft,
Es ist so schwer, den falschen Weg zu meiden,
Es liegt in ihr so viel verborgnes Gift,
Und von der Arzenei ist's kaum zu unterscheiden.
Am besten ist's auch hier, wenn Ihr nur E i n e n hört
Und auf des Meisters Worte schwört.
Im Ganzen – haltet Euch an Worte!
Dann geht Ihr durch die sichre Pforte
Zum Tempel der Gewissheit ein.
SCHÜLER:
Doch ein Begriff muss bei dem Worte sein.
MEPHISTOPHELES:
Schon gut! Nur muss man sich nicht allzu ängstlich
                                                    quälen;
Denn eben wo Begriffe fehlen,
Da stellt ein Wort zur rechten Zeit sich ein.
Mit Worten lässt sich trefflich streiten,
Mit Worten ein System bereiten,
An Worte lässt sich trefflich glauben,
Von einem Wort lässt sich kein Jota rauben.

kein Jota rauben: hier ist gemeint, dass man sich nicht betrügen lässt

SCHÜLER:
Verzeiht, ich halt Euch auf mit vielen Fragen,
Allein ich muss Euch noch bemühn.
Wollt Ihr mir von der Medizin
Nicht auch ein kräftig Wörtchen sagen?
Drei Jahr' ist eine kurze Zeit,
Und, Gott! das Feld ist gar zu weit.
Wenn man einen Fingerzeig nur hat,
Lässt sich's schon eher weiter fühlen.
MEPHISTOPHELES *für sich:*
Ich bin des trocknen Tons nun satt,
Muss wieder recht den Teufel spielen.

Studierzimmer

Laut.
Der Geist der Medizin ist leicht zu fassen;
Ihr durchstudiert die groß' und kleine Welt,   die groß' und
Um es am Ende gehn zu lassen,   kleine Welt:
Wie's Gott gefällt.   die kleine Welt
    der Menschen
Vergebens, dass Ihr ringsum wissenschaftlich schweift,   und die große
Ein jeder lernt nur, was er lernen kann;   Welt der kosmi-
Doch der den Augenblick ergreift,   schen Abläufe
Das ist der rechte Mann.
Ihr seid noch ziemlich wohlgebaut,
An Kühnheit wird's Euch auch nicht fehlen,
Und wenn Ihr Euch nur selbst vertraut,
Vertrauen Euch die andern Seelen.
Besonders lernt die Weiber führen;
Es ist ihr ewig Weh und Ach
So tausendfach
Aus **einem** Punkte zu kurieren,
Und wenn Ihr halbwegs ehrbar tut,
Dann habt Ihr sie all' unterm Hut.
Ein Titel muss sie erst vertraulich machen,
Dass Eure Kunst viel Künste übersteigt;
Zum Willkomm' tappt Ihr dann nach allen
                                     Siebensachen,
Um die ein andrer viele Jahre streicht,
Versteht das Pülslein wohl zu drücken,
Und fasset sie, mit feurig schlauen Blicken,
Wohl um die schlanke Hüfte frei,
Zu sehn, wie fest geschnürt sie sei.   geschnürt:
    wie fest
SCHÜLER: das Mieder
Das sieht schon besser aus! Man sieht doch, wo und   geschnürt ist
                                                    wie.

MEPHISTOPHELES:
Grau, teurer Freund, ist alle Theorie,
Und grün des Lebens goldner Baum.

Der Tragödie erster Teil

SCHÜLER:

2040 Ich schwör Euch zu, mir ist's als wie ein Traum.
Dürft ich Euch wohl ein andermal beschweren,
Von Eurer Weisheit auf den Grund zu hören?

MEPHISTOPHELES:

Was ich vermag, soll gern geschehn.

SCHÜLER:

Ich kann unmöglich wieder gehn,
2045 Ich muss Euch noch mein Stammbuch überreichen.
Gönn' Eure Gunst mir dieses Zeichen!

MEPHISTOPHELES:

Sehr wohl. *Er schreibt und gibt's.*

SCHÜLER *liest.*

Eritis sicut Deus, scientes bonum et malum.
Macht's ehrerbietig zu und empfiehlt sich.

MEPHISTOPHELES:

Folg' nur dem alten Spruch und meiner
                                    Muhme, der Schlange,
2050 Dir wird gewiss einmal bei deiner Gottähnlichkeit
                                                    bange!

Faust tritt auf.

FAUST:

Wohin soll es nun gehn?

MEPHISTOPHELES:

                            Wohin es dir gefällt.
Wir sehn die kleine, dann die große Welt.
Mit welcher Freude, welchem Nutzen
Wirst du den Cursum durchschmarutzen!

FAUST:

2055 Allein bei meinem langen Bart
Fehlt mir die leichte Lebensart.
Es wird mir der Versuch nicht glücken;
Ich wusste nie mich in die Welt zu schicken.

Eritis sicut Deus, scientes bonum et malum: »Ihr werdet sein wie Gott, und wissen, was gut und böse ist« (Gen 3,5). Verführungsworte der Schlange, in deren Folge Eva den Apfel isst

die kleine und große Welt: *hier* bürgerliche und adelige We[lt]

schmarutzen: schmarotzen, auf Kosten anderer leben

Auerbachs Keller in Leipzig

    Vor andern fühl ich mich so klein;
    Ich werde stets verlegen sein.
MEPHISTOPHELES:
    Mein guter Freund, das wird sich alles geben;
    Sobald du dir vertraust, sobald weißt du zu leben.
FAUST:
    Wie kommen wir denn aus dem Haus?
    Wo hast du Pferde, Knecht und Wagen?
MEPHISTOPHELES:
    Wir breiten nur den Mantel aus,
    Der soll uns durch die Lüfte tragen.
    Du nimmst bei diesem kühnen Schritt
    Nur keinen großen Bündel mit.
    Ein bisschen Feuerluft, die ich bereiten werde,
    Hebt uns behänd von dieser Erde.
    Und sind wir leicht, so geht es schnell hinauf;
    Ich gratuliere dir zum neuen Lebenslauf!

Auerbachs Keller in Leipzig

Zeche lustiger Gesellen.
FROSCH:
    Will keiner trinken? keiner lachen?
    Ich will euch lehren Gesichter machen!
    Ihr seid ja heut wie nasses Stroh
    Und brennt sonst immer lichterloh.
BRANDER:
    Das liegt an dir; du bringst ja nichts herbei,
    Nicht eine Dummheit, keine Sauerei.
FROSCH *gießt ihm ein Glas Wein über den Kopf:*
    Da hast du beides!
BRANDER:
                    Doppelt Schwein!

Der Tragödie erster Teil

FROSCH:
Ihr wollt es ja, man soll es sein!
SIEBEL:
Zur Tür hinaus, wer sich entzweit!
Mit offner Brust singt Runda, sauft und schreit! <!-- Runda: Trinkspruch, der auffordert, das Getränk in einem Schluck zu leeren -->
Auf! Holla! Ho!
ALTMAYER:
    Weh mir, ich bin verloren!
Baumwolle her! der Kerl sprengt mir die Ohren.
SIEBEL:
Wenn das Gewölbe widerschallt,
Fühlt man erst recht des Basses Grundgewalt.
FROSCH:
So recht, hinaus mit dem, der etwas übelnimmt!
  A! tara lara da
ALTMAYER:
  A! tara lara da!
FROSCH:
      Die Kehlen sind gestimmt.
Singt.
  Das liebe heil'ge Röm'sche Reich,
Wie hält's nur noch zusammen?
BRANDER:
Ein garstig Lied! Pfui! ein politisch Lied!
Ein leidig Lied! Dankt Gott mit jedem Morgen,
Dass ihr nicht braucht fürs Röm'sche Reich zu sorgen!
Ich halt es wenigstens für reichlichen Gewinn,
Dass ich nicht Kaiser oder Kanzler bin.
Doch muss auch uns ein Oberhaupt nicht fehlen;
Wir wollen einen Papst erwählen. <!-- Papst erwählen: derbes Trinkspiel -->
Ihr wisst, welch eine Qualität
Den Ausschlag gibt, den Mann erhöht.

Auerbachs Keller in Leipzig

FROSCH *singt.*
>Schwing dich auf, Frau Nachtigall,
>Grüß mir mein Liebchen zehentausendmal.

SIEBEL:
Dem Liebchen keinen Gruß! ich will davon nichts
>>hören!

FROSCH:
Dem Liebchen Gruß und Kuss! du wirst mir's nicht
>>verwehren.
Singt.
>Riegel auf! in stiller Nacht.
>Riegel auf! der Liebste wacht.
>Riegel zu! des Morgens früh.

SIEBEL:
Ja, singe, singe nur und lob und rühme sie!
Ich will zu meiner Zeit schon lachen.
Sie hat mich angeführt, dir wird sie's auch so machen.
Zum Liebsten sei ein Kobold ihr beschert!
Der mag mit ihr auf einem Kreuzweg schäkern;
Ein alter Bock, wenn er vom Blocksberg kehrt,
Mag im Galopp noch gute Nacht ihr meckern!
Ein braver Kerl von echtem Fleisch und Blut
Ist für die Dirne viel zu gut.
Ich will von keinem Gruße wissen,
Als ihr die Fenster eingeschmissen!

BRANDER *auf den Tisch schlagend:*
Passt auf! passt auf! Gehorchet mir!
Ihr Herrn, gesteht, ich weiß zu leben;
Verliebte Leute sitzen hier,
Und diesen muss, nach Standsgebühr,
Zur guten Nacht ich was zum Besten geben.
Gebt acht! Ein Lied vom neusten Schnitt!
Und singt den Rundreim kräftig mit!

Blocksberg: Hexentanzplatz auf dem Brocken im Harz

Der Tragödie erster Teil

Er singt.
Es war eine Ratt' im Kellernest,
Lebte nur von Fett und Butter,
Hatte sich ein Ränzlein angemäst't
Als wie der Doktor Luther.
Die Köchin hatt ihr Gift gestellt;
Da ward's so eng ihr in der Welt,
Als hätte sie Lieb' im Leibe.

CHORUS *jauchzend:*
Als hätte sie Lieb' im Leibe.

BRANDER:
Sie fuhr herum, sie fuhr heraus,
Und soff aus allen Pfützen,
Zernagt', zerkratzt' das ganze Haus,
Wollte nichts ihr Wüten nützen;
Sie tät gar manchen Ängstesprung,
Bald hatte das arme Tier genung,
Als hätt es Lieb' im Leibe.

genung: genug

CHORUS:
Als hätt es Lieb' im Leibe.

BRANDER:
Sie kam für Angst am hellen Tag
Der Küche zugelaufen,
Fiel an den Herd und zuckt und lag,
Und tät erbärmlich schnaufen.
Da lachte die Vergifterin noch:
Ha! sie pfeift auf dem letzten Loch,
Als hätte sie Lieb' im Leibe.

CHORUS:
Als hätte sie Lieb' im Leibe.

SIEBEL:
Wie sich die platten Bursche freuen!
Es ist mir eine rechte Kunst,
Den armen Ratten Gift zu streuen!

Auerbachs Keller in Leipzig

BRANDER:
Sie stehn wohl sehr in deiner Gunst?
ALTMAYER:
Der Schmerbauch mit der kahlen Platte!
Das Unglück macht ihn zahm und mild;
Er sieht in der geschwollnen Ratte
Sein ganz natürlich Ebenbild.

Schmerbauch: dicker Bauch, gemeint ist Siebel

Faust und Mephistopheles treten auf.
MEPHISTOPHELES:
Ich muss dich nun vor allen Dingen
In lustige Gesellschaft bringen,
Damit du siehst, wie leicht sich's leben lässt.
Dem Volke hier wird jeder Tag ein Fest.
Mit wenig Witz und viel Behagen
Dreht jeder sich im engen Zirkeltanz,
Wie junge Katzen mit dem Schwanz.
Wenn sie nicht über Kopfweh klagen,
Solang' der Wirt nur weiter borgt,
Sind sie vergnügt und unbesorgt.
BRANDER:
Die kommen eben von der Reise,
Man sieht's an ihrer wunderlichen Weise;
Sie sind nicht eine Stunde hier.
FROSCH:
Wahrhaftig, du hast recht! Mein Leipzig lob ich mir!
Es ist ein klein Paris und bildet seine Leute.

klein Paris: Name für Leipzig. Hier auch als Hinweis auf die Französische Revolution zu verstehen.

SIEBEL:
Für was siehst du die Fremden an?
FROSCH:
Lasst mich nur gehn! Bei einem vollen Glase
Zieh' ich, wie einen Kinderzahn,
Den Burschen leicht die Würmer aus der Nase.

Der Tragödie erster Teil

Sie scheinen mir aus einem edlen Haus,
Sie sehen stolz und unzufrieden aus.
BRANDER:
Marktschreier sind's gewiss, ich wette!
ALTMAYER:
Vielleicht.
FROSCH:
2180 Gib acht, ich schraube sie!
MEPHISTOPHELES *zu Faust:*
Den Teufel spürt das Völkchen nie,
Und wenn er sie beim Kragen hätte.
FAUST:
Seid uns gegrüßt, ihr Herrn!
SIEBEL:
Viel Dank zum Gegengruß.
Leise, Mephistopheles von der Seite ansehend.
Was hinkt der Kerl auf einem Fuß?
MEPHISTOPHELES:
2185 Ist es erlaubt, uns auch zu euch zu setzen?
Statt eines guten Trunks, den man nicht haben kann,
Soll die Gesellschaft uns ergetzen.
ALTMAYER:
Ihr scheint ein sehr verwöhnter Mann.
FROSCH:
Ihr seid wohl spät von Rippach aufgebrochen?
2190 Habt ihr mit Herren Hans noch erst zu Nacht gespeist?
MEPHISTOPHELES:
Heut sind wir ihn vorbeigereist!
Wir haben ihn das letzte Mal gesprochen.
Von seinen Vettern wusst er viel zu sagen,
Viel Grüße hat er uns an jeden aufgetragen.
Er neigt sich gegen Frosch.
ALTMAYER *leise:*
2195 Da hast du's! der versteht's!

Auerbachs Keller in Leipzig

SIEBEL:
                        Ein pfiffiger Patron!
FROSCH:
Nun, warte nur, ich krieg' ihn schon!
MEPHISTOPHELES:
Wenn ich nicht irrte, hörten wir
Geübte Stimmen Chorus singen?
Gewiss, Gesang muss trefflich hier
Von dieser Wölbung widerklingen!
FROSCH:
Seid Ihr wohl gar ein Virtuos?
MEPHISTOPHELES:
O nein! die Kraft ist schwach, allein die Lust ist groß.
ALTMAYER:
Gebt uns ein Lied!
MEPHISTOPHELES:
                  Wenn ihr begehrt, die Menge.
SIEBEL:
Nur auch ein nagelneues Stück!
MEPHISTOPHELES:
Wir kommen erst aus Spanien zurück,
Dem schönen Land des Weins und der Gesänge.
Singt.
    Es war einmal ein König,
    Der hatt einen großen Floh –
FROSCH:
Horcht! Einen Floh! Habt ihr das wohl gefasst?
Ein Floh ist mir ein saubrer Gast.
MEPHISTOPHELES *singt:*
    Es war einmal ein König,
    Der hatt einen großen Floh,
    Den liebt er gar nicht wenig,
    Als wie seinen eignen Sohn.
    Da rief er seinen Schneider,

Der Tragödie erster Teil

> Der Schneider kam heran:
> Da, miss dem Junker Kleider
> Und miss ihm Hosen an!

BRANDER:
> Vergesst nur nicht, dem Schneider einzuschärfen,
> Dass er mir aufs genauste misst
> Und dass, so lieb sein Kopf ihm ist,
> Die Hosen keine Falten werfen!

MEPHISTOPHELES:
> In Sammet und in Seide
> War er nun angetan,
> Hatte Bänder auf dem Kleide,
> Hatt auch ein Kreuz daran,
> Und war sogleich Minister,
> Und hatt einen großen Stern.
> Da wurden seine Geschwister
> Bei Hof' auch große Herrn.
>
> Und Herrn und Fraun am Hofe,
> Die waren sehr geplagt,
> Die Königin und die Zofe
> Gestochen und genagt,
> Und durften sie nicht knicken,
> Und weg sie jucken nicht.
> Wir knicken und ersticken
> Doch gleich, wenn einer sticht.

CHORUS *jauchzend:*
> Wir knicken und ersticken
> Doch gleich, wenn einer sticht.

FROSCH:
> Bravo! Bravo! Das war schön!

SIEBEL:
> So soll es jedem Floh ergehn!

Sammet: Samt

Auerbachs Keller in Leipzig

BRANDER:
    Spitzt die Finger und packt sie fein!
ALTMAYER:
    Es lebe die Freiheit! Es lebe der Wein!
MEPHISTOPHELES:
2245   Ich tränke gern ein Glas, die Freiheit hoch zu ehren,
    Wenn eure Weine nur ein bisschen besser wären.
SIEBEL:
    Wir mögen das nicht wieder hören!
MEPHISTOPHELES:
    Ich fürchte nur, der Wirt beschweret sich;
    Sonst gäb ich diesen werten Gästen
2250   Aus unserm Keller was zum Besten.
SIEBEL:
    Nur immer her! ich nehm's auf mich.
FROSCH:
    Schafft Ihr ein gutes Glas, so wollen wir Euch loben.
    Nur gebt nicht gar zu kleine Proben,
    Denn wenn ich judizieren soll,
2255   Verlang ich auch das Maul recht voll.

judizieren: urteilen

ALTMAYER *leise:*
    Sie sind vom Rheine, wie ich spüre.
MEPHISTOPHELES:
    Schafft einen Bohrer an!
BRANDER:
                   Was soll mit dem geschehn?
    Ihr habt doch nicht die Fässer vor der Türe?
ALTMAYER:
    Dahinten hat der Wirt ein Körbchen Werkzeug stehn.
MEPHISTOPHELES *nimmt den Bohrer. Zu Frosch:*
2260   Nun sagt, was wünschet Ihr zu schmecken?
FROSCH:
    Wie meint Ihr das? Habt Ihr so mancherlei?

Der Tragödie erster Teil

MEPHISTOPHELES:
>Ich stell es einem jeden frei.

ALTMAYER *zu Frosch:*
>Aha! du fängst schon an, die Lippen abzulecken.

FROSCH:
>Gut! wenn ich wählen soll, so will ich Rheinwein haben.
>Das Vaterland verleiht die allerbesten Gaben.

MEPHISTOPHELES *indem er an dem Platz, wo Frosch sitzt, ein Loch in den Tischrand bohrt:*
>Verschafft ein wenig Wachs, die Pfropfen gleich zu machen!

ALTMAYER:
>Ach, das sind Taschenspielersachen.

MEPHISTOPHELES *zu Brander:*
>Und Ihr?

BRANDER:
>Ich will Champagner Wein,
>Und recht moussierend soll er sein!

MEPHISTOPHELES *bohrt; einer hat indessen die Wachspfropfen gemacht und verstopft:*

BRANDER:
>Man kann nicht stets das Fremde meiden,
>Das Gute liegt uns oft so fern.
>Ein echter deutscher Mann mag keinen Franzen leiden,
>Doch ihre Weine trinkt er gern.

Franze: Franzose

SIEBEL *indem sich Mephistopheles seinem Platze nähert:*
>Ich muss gestehn, den sauren mag ich nicht,
>Gebt mir ein Glas vom echten süßen!

MEPHISTOPHELES *bohrt:*
>Euch soll sogleich Tokajer fließen.

ALTMAYER:
>Nein, Herren, seht mir ins Gesicht!
>Ich seh es ein, ihr habt uns nur zum Besten.

Auerbachs Keller in Leipzig

MEPHISTOPHELES:
    Ei! Ei! Mit solchen edlen Gästen
    Wär es ein bisschen viel gewagt.
    Geschwind! Nur grad' heraus gesagt!
    Mit welchem Weine kann ich dienen?
ALTMAYER:
    Mit jedem! Nur nicht lang gefragt.
Nachdem die Löcher alle gebohrt und verstopft sind.
MEPHISTOPHELES *mit seltsamen Gebärden:*
    Trauben trägt der Weinstock!
    Hörner der Ziegenbock;
    Der Wein ist saftig, Holz die Reben,
    Der hölzerne Tisch kann Wein auch geben.
    Ein tiefer Blick in die Natur!
    Hier ist ein Wunder, glaubet nur!
    Nun zieht die Pfropfen und genießt!
ALLE *indem sie die Pfropfen ziehen und jedem der verlangte Wein ins Glas läuft:*
    O schöner Brunnen, der uns fließt!
MEPHISTOPHELES:
    Nur hütet euch, dass ihr mir nichts vergießt!
Sie trinken wiederholt.
ALLE *singen:*
    Uns ist ganz kannibalisch wohl
    Als wie fünfhundert Säuen!
MEPHISTOPHELES:
Das Volk ist frei, seht an, wie wohl's ihm geht!
FAUST:
    Ich hätte Lust, nun abzufahren.
MEPHISTOPHELES:
    Gib nur erst acht, die Bestialität
    Wird sich gar herrlich offenbaren.

Das Volk ist frei: Losung der Französischen Revolution

Der Tragödie erster Teil

SIEBEL *trinkt unvorsichtig, der Wein fließt auf die Erde und wird zur Flamme:*
Helft! Feuer! helft! Die Hölle brennt!
MEPHISTOPHELES *die Flamme besprechend:*
Sei ruhig, freundlich Element!
Zu dem Gesellen.
Für diesmal war es nur ein Tropfen Fegefeuer.
SIEBEL:
Was soll das sein? Wart! Ihr bezahlt es teuer!
Es scheinet, dass Ihr uns nicht kennt.
FROSCH:
Lass Er uns das zum zweiten Male bleiben!
ALTMAYER:
Ich dächt, wir hießen ihn ganz sachte seitwärts gehn.
SIEBEL:
Was, Herr? Er will sich unterstehn,
Und hier sein Hokuspokus treiben?
MEPHISTOPHELES:
Still, altes Weinfass!
SIEBEL:
                Besenstiel!
Du willst uns gar noch grob begegnen?
BRANDER:
Wart nur, es sollen Schläge regnen!
ALTMAYER *zieht einen Pfropf aus dem Tisch, es springt ihm Feuer entgegen:*
Ich brenne! ich brenne!
SIEBEL:
                Zauberei!
Stoßt zu! der Kerl ist vogelfrei!
Sie ziehen die Messer und gehn auf Mephistopheles los.

Auerbachs Keller in Leipzig

MEPHISTOPHELES *mit ernsthafter Gebärde:*
    Falsch Gebild und Wort
    Verändern Sinn und Ort!
    Seid hier und dort!
Sie stehn erstaunt und sehn einander an.
ALTMAYER:
    Wo bin ich? Welches schöne Land!
FROSCH:
    Weinberge! Seh ich recht?
SIEBEL:
                    Und Trauben gleich zur Hand!
BRANDER:
    Hier unter diesem grünen Laube,
    Seht, welch ein Stock! Seht, welche Traube!
Er fasst Siebeln bei der Nase. Die andern tun es wechselseitig und heben die Messer.
MEPHISTOPHELES *wie oben:*
    Irrtum, lass los der Augen Band!
    Und merkt euch, wie der Teufel spaße.
Er verschwindet mit Faust, die Gesellen fahren auseinander.
SIEBEL:
    Was gibt's?
ALTMAYER:
           Wie?
FROSCH:
               War das deine Nase?
BRANDER *zu Siebel:*
    Und deine hab ich in der Hand!
ALTMAYER:
    Es war ein Schlag, der ging durch alle Glieder!
    Schafft einen Stuhl, ich sinke nieder!
FROSCH:
    Nein, sagt mir nur, was ist geschehn?

Der Tragödie erster Teil

SIEBEL:
Wo ist der Kerl? Wenn ich ihn spüre,
Er soll mir nicht lebendig gehn!
ALTMAYER:
Ich hab ihn selbst hinaus zur Kellertüre –
2330 Auf einem Fasse reiten sehn –
Es liegt mir bleischwer in den Füßen.
Sich nach dem Tische wendend.
Mein! Sollte wohl der Wein noch fließen?

Mein!: Kurzform von »Mein Gott«

SIEBEL:
Betrug war alles, Lug und Schein.
FROSCH:
Mir deuchte doch, als tränk ich Wein.

deuchte: schien

BRANDER:
2335 Aber wie war es mit den Trauben?
ALTMAYER:
Nun sag mir eins, man soll kein Wunder glauben!

Hexenküche

Auf einem niedrigen Herde steht ein großer Kessel über dem Feuer. In dem Dampfe, der davon in die Höhe steigt, zeigen sich verschiedene Gestalten. Eine Meerkatze sitzt bei dem Kessel und schäumt ihn und sorgt, dass er nicht überläuft. Der Meerkater mit den Jungen sitzt daneben und wärmt sich. Wände und Decke sind mit dem seltsamsten Hexenhausrat ausgeschmückt.

Faust. Mephistopheles.
FAUST:
Mir widersteht das tolle Zauberwesen!
Versprichst du mir, ich soll genesen
In diesem Wust von Raserei?
2340 Verlang ich Rat von einem alten Weibe?

Hexenküche

    Und schafft die Sudelköcherei
    Wohl dreißig Jahre mir vom Leibe?
    Weh mir, wenn du nichts Bessers weißt!
    Schon ist die Hoffnung mir verschwunden.
2345 Hat die Natur und hat ein edler Geist
    Nicht irgendeinen Balsam ausgefunden?
MEPHISTOPHELES:
    Mein Freund, nun sprichst du wieder klug!
    Dich zu verjüngen, gibt's auch ein natürlich Mittel;
    Allein es steht in einem andern Buch,
2350 Und ist ein wunderlich Kapitel.
FAUST:
    Ich will es wissen.
MEPHISTOPHELES:
                Gut! Ein Mittel, ohne Geld
    Und Arzt und Zauberei zu haben:
    Begib dich gleich hinaus aufs Feld,
    Fang an zu hacken und zu graben,
2355 Erhalte dich und deinen Sinn
    In einem ganz beschränkten Kreise,
    Ernähre dich mit ungemischter Speise,
    Leb mit dem Vieh als Vieh, und acht es nicht für Raub,
    Den Acker, den du erntest, selbst zu düngen;
2360 Das ist das beste Mittel, glaub,
    Auf achtzig Jahr dich zu verjüngen!
FAUST:
    Das bin ich nicht gewöhnt, ich kann mich nicht
                                    bequemen,
    Den Spaten in die Hand zu nehmen.
    Das enge Leben steht mir gar nicht an.
MEPHISTOPHELES:
2365 So muss denn doch die Hexe dran.

Der Tragödie erster Teil

FAUST:
> Warum denn just das alte Weib!
> Kannst du den Trank nicht selber brauen?

MEPHISTOPHELES:
> Das wär ein schöner Zeitvertreib!
> Ich wollt indes wohl tausend Brücken bauen.
> 2370 Nicht Kunst und Wissenschaft allein,
> Geduld will bei dem Werke sein.
> Ein stiller Geist ist jahrelang geschäftig,
> Die Zeit nur macht die feine Gärung kräftig.
> Und alles, was dazu gehört,
> 2375 Es sind gar wunderbare Sachen!
> Der Teufel hat sie's zwar gelehrt;
> Allein der Teufel kann's nicht machen.
> *Die Tiere erblickend.*
> Sieh, welch ein zierliches Geschlecht!
> Das ist die Magd! das ist der Knecht!
> *Zu den Tieren.*
> 2380 Es scheint, die Frau ist nicht zu Hause?

DIE TIERE:
> Beim Schmause,
> Aus dem Haus
> Zum Schornstein hinaus!

MEPHISTOPHELES:
> Wie lange pflegt sie wohl zu schwärmen?

DIE TIERE:
> 2385 So lange wir uns die Pfoten wärmen.

MEPHISTOPHELES *zu Faust:*
> Wie findest du die zarten Tiere?

FAUST:
> So abgeschmackt, als ich nur jemand sah!

MEPHISTOPHELES:
> Nein, ein Diskurs wie dieser da
> Ist grade der, den ich am liebsten führe!

Diskurs: Gespräch

Hexenküche

Zu den Tieren.

So sagt mir doch, verfluchte Puppen,
Was quirlt ihr in dem Brei herum?

DIE TIERE:
Wir kochen breite Bettelsuppen.

MEPHISTOPHELES:
Da habt ihr ein groß Publikum.

> Bettelsuppe: verdünnte Suppe zur Speisung von Armen

DER KATER *macht sich herbei und schmeichelt dem Mephistopheles:*

    O würfle nur gleich
    Und mache mich reich,
    Und lass mich gewinnen!
    Gar schlecht ist's bestellt,
    Und wär ich bei Geld,
    So wär ich bei Sinnen.

MEPHISTOPHELES:
Wie glücklich würde sich der Affe schätzen,
Könnt er nur auch ins Lotto setzen!

Indessen haben die jungen Meerkätzchen mit einer großen Kugel gespielt und rollen sie hervor.

DER KATER:
    Das ist die Welt;
    Sie steigt und fällt
    Und rollt beständig;
    Sie klingt wie Glas –
    Wie bald bricht das!
    Ist hohl inwendig.
    Hier glänzt sie sehr,
    Und hier noch mehr:
    Ich bin lebendig!
    Mein lieber Sohn,
    Halt dich davon!
    Du musst sterben!

Der Tragödie erster Teil

          Sie ist von Ton,
2415   Es gibt Scherben.
MEPHISTOPHELES:
          Was soll das Sieb?
DER KATER *holt es herunter:*
          Wärst du ein Dieb,
          Wollt ich dich gleich erkennen.
Er läuft zur Kätzin und lässt sie durchsehen.
          Sieh durch das Sieb!
2420   Erkennst du den Dieb
          Und darfst ihn nicht nennen?
MEPHISTOPHELES *sich dem Feuer nähernd:*
          Und dieser Topf?
KATER *und* KÄTZIN:
          Der alberne Tropf!
          Er kennt nicht den Topf,
2425   Er kennt nicht den Kessel!
MEPHISTOPHELES:
          Unhöfliches Tier!
DER KATER:
          Den Wedel nimm hier
          Und setz dich in Sessel!
Er nötigt den Mephistopheles zu sitzen.

FAUST *welcher diese Zeit über vor einem Spiegel gestanden, sich ihm bald genähert, bald sich von ihm entfernt hat:*
    Was seh ich? Welch ein himmlisch Bild
2430 Zeigt sich in diesem Zauberspiegel!
    O Liebe, leihe mir den schnellsten deiner Flügel,
    Und führe mich in ihr Gefild!
    Ach, wenn ich nicht auf dieser Stelle bleibe,
    Wenn ich es wage, nah zu gehn,
2435 Kann ich sie nur als wie im Nebel sehn! –
    Das schönste Bild von einem Weibe!

Sieb: Im Aberglauben kann, wer durch ein Sieb blickt, einen Verbrecher erkennen.

Wedel: Putzwedel

Hexenküche

Ist's möglich, ist das Weib so schön?
Muss ich an diesem hingestreckten Leibe
Den Inbegriff von allen Himmeln sehn?
So etwas findet sich auf Erden?

MEPHISTOPHELES:
Natürlich, wenn ein Gott sich erst sechs Tage plagt
Und selbst am Ende Bravo sagt,
Da muss es was Gescheites werden.
Für diesmal sieh dich immer satt;
Ich weiß dir so ein Schätzchen auszuspüren,
Und selig, wer das gute Schicksal hat,
Als Bräutigam sie heimzuführen!

Faust sieht immerfort in den Spiegel. Mephistopheles, sich in dem Sessel dehnend und mit dem Wedel spielend, fährt fort zu sprechen.

Hier sitz ich wie der König auf dem Throne,
Den Zepter halt ich hier, es fehlt nur noch die Krone.

DIE TIERE *welche bisher allerlei wunderliche Bewegungen durcheinandergemacht haben, bringen dem Mephistopheles eine Krone mit großem Geschrei:*

    O sei doch so gut,
    Mit Schweiß und mit Blut
    Die Krone zu leimen!

Sie gehn ungeschickt mit der Krone um und zerbrechen sie in zwei Stücke, mit welchen sie herumspringen.

    Nun ist es geschehn!
    Wir reden und sehn,
    Wir hören und reimen –

FAUST *gegen den Spiegel:*
Weh mir! ich werde schier verrückt.

MEPHISTOPHELES *auf die Tiere deutend:*
Nun fängt mir an fast selbst der Kopf zu schwanken.

Der Tragödie erster Teil

DIE TIERE:
>Und wenn es uns glückt
>Und wenn es sich schickt,
>So sind es Gedanken!

FAUST *wie oben:*
>Mein Busen fängt mir an zu brennen!
>Entfernen wir uns nur geschwind!

MEPHISTOPHELES *in obiger Stellung:*
>Nun, wenigstens muss man bekennen,
>Dass es aufrichtige Poeten sind.
>*Der Kessel, welchen die Kätzin bisher außer Acht gelassen, fängt an, überzulaufen; es entsteht eine große Flamme, welche zum Schornstein hinausschlägt. Die Hexe kommt durch die Flamme mit entsetzlichem Geschrei heruntergefahren.*

DIE HEXE:
>Au! Au! Au! Au!
>Verdammtes Tier! verfluchte Sau!
>Versäumst den Kessel, versengst die Frau!
>Verfluchtes Tier!
>*Faust und Mephistopheles erblickend.*
>Was ist das hier?
>Wer seid ihr hier?
>Was wollt ihr da?
>Wer schlich sich ein?
>Die Feuerpein
>Euch ins Gebein!
>*Sie fährt mit dem Schaumlöffel in den Kessel und spritzt Flammen nach Faust, Mephistopheles und den Tieren. Die Tiere winseln.*

MEPHISTOPHELES *welcher den Wedel, den er in der Hand hält, umkehrt und unter die Gläser und Töpfe schlägt:*
>Entzwei! entzwei!
>Da liegt der Brei!

Hexenküche

Da liegt das Glas!
Es ist nur Spaß,
Der Takt, du Aas,
Zu deiner Melodei.

Indem die Hexe voll Grimm und Entsetzen zurücktritt.

Erkennst du mich? Gerippe! Scheusal du!
Erkennst du deinen Herrn und Meister?
Was hält mich ab, so schlag ich zu,
Zerschmettre dich und deine Katzengeister!
Hast du vorm roten Wams nicht mehr Respekt?
Kannst du die Hahnenfeder nicht erkennen?
Hab ich dies Angesicht versteckt?
Soll ich mich etwa selber nennen?

DIE HEXE:

O Herr, verzeiht den rohen Gruß!
Seh ich doch keinen Pferdefuß.
Wo sind denn Eure beiden Raben?

MEPHISTOPHELES:

Für diesmal kommst du so davon;
Denn freilich ist es eine Weile schon,
Dass wir uns nicht gesehen haben.
Auch die Kultur, die alle Welt beleckt,
Hat auf den Teufel sich erstreckt;
Das nordische Phantom ist nun nicht mehr zu schauen;
Wo siehst du Hörner, Schweif und Klauen?
Und was den Fuß betrifft, den ich nicht missen kann,
Der würde mir bei Leuten schaden;
Darum bedien ich mich, wie mancher junge Mann,
Seit vielen Jahren falscher Waden.

DIE HEXE *tanzend:*

Sinn und Verstand verlier ich schier,
Seh ich den Junker Satan wieder hier!

MEPHISTOPHELES:

Den Namen, Weib, verbitt ich mir!

> Pferdefuß: Zeichen des Teufels

Der Tragödie erster Teil

DIE HEXE:
Warum? Was hat er Euch getan?
MEPHISTOPHELES:
Er ist schon lang' ins Fabelbuch geschrieben;
Allein die Menschen sind nichts besser dran,
Den Bösen sind sie los, die Bösen sind geblieben.
Du nennst mich Herr Baron, so ist die Sache gut;
Ich bin ein Kavalier, wie andre Kavaliere.
Du zweifelst nicht an meinem edlen Blut;
Sieh her, das ist das Wappen, das ich führe!
Er macht eine unanständige Gebärde.
DIE HEXE *lacht unmäßig:*
Ha! Ha! Das ist in Eurer Art!
Ihr seid ein Schelm, wie Ihr nur immer wart!
MEPHISTOPHELES *zu Faust:*
Mein Freund, das lerne wohl verstehn!
Dies ist die Art, mit Hexen umzugehn.
DIE HEXE:
Nun sagt, ihr Herren, was ihr schafft.
MEPHISTOPHELES:
Ein gutes Glas von dem bekannten Saft!
Doch muss ich Euch ums älteste bitten;
Die Jahre doppeln seine Kraft.
DIE HEXE:
Gar gern! Hier hab ich eine Flasche,
Aus der ich selbst zuweilen nasche,
Die auch nicht mehr im mindsten stinkt;
Ich will euch gern ein Gläschen geben.
Leise.
Doch wenn es dieser Mann unvorbereitet trinkt,
So kann er, wisst Ihr wohl, nicht eine Stunde leben.
MEPHISTOPHELES:
Es ist ein guter Freund, dem es gedeihen soll;
Ich gönn ihm gern das Beste deiner Küche.

Hexenküche

> Zieh deinen Kreis, sprich deine Sprüche,
> Und gib ihm eine Tasse voll!

Die Hexe, mit seltsamen Gebärden, zieht einen Kreis und stellt wunderbare Sachen hinein; indessen fangen die Gläser an zu klingen, die Kessel zu tönen und machen Musik. Zuletzt bringt sie ein großes Buch, stellt die Meerkatzen in den Kreis, die ihr zum Pult dienen und die Fackel halten müssen. Sie winkt Fausten, zu ihr zu treten.

FAUST *zu Mephistopheles:*

> Nein, sage mir, was soll das werden?
> Das tolle Zeug, die rasenden Gebärden,
> Der abgeschmackteste Betrug,
> Sind mir bekannt, verhasst genug.

MEPHISTOPHELES:

> Ei Possen! Das ist nur zum Lachen;
> Sei nur nicht ein so strenger Mann!
> Sie muss als Arzt ein Hokuspokus machen,
> Damit der Saft dir wohl gedeihen kann.

Er nötigt Fausten, in den Kreis zu treten.

DIE HEXE *mit großer Emphase fängt an, aus dem Buche zu deklamieren.*

> Du musst verstehn!
> Aus Eins mach Zehn,
> Und Zwei lass gehn,
> Und Drei mach gleich,
> So bist du reich.
> Verlier die Vier!
> Aus Fünf und Sechs,
> So sagt die Hex',
> Mach Sieben und Acht,
> So ist's vollbracht:
> Und Neun ist Eins,
> Und Zehn ist keins.
> Das ist das Hexen-Einmaleins.

Der Tragödie erster Teil

FAUST:
Mich dünkt, die Alte spricht im Fieber.
MEPHISTOPHELES:
Das ist noch lange nicht vorüber,
Ich kenn es wohl, so klingt das ganze Buch;
Ich habe manche Zeit damit verloren,
Denn ein vollkommner Widerspruch
Bleibt gleich geheimnisvoll für Kluge wie für Toren.
Mein Freund, die Kunst ist alt und neu.
Es war die Art zu allen Zeiten,
Durch Drei und Eins, und Eins und Drei
Irrtum statt Wahrheit zu verbreiten.
So schwätzt und lehrt man ungestört;
Wer will sich mit den Narr'n befassen?
Gewöhnlich glaubt der Mensch, wenn er nur Worte hört,
Es müsse sich dabei doch auch was denken lassen.

Drei und Eins: Hier verspottet Mephistopheles die Trinitätslehre, dass Gott, Jesus Christus und der Heilige Geist eins sind.

DIE HEXE *fährt fort:*
Die hohe Kraft
Der Wissenschaft,
Der ganzen Welt verborgen!
Und wer nicht denkt,
Dem wird sie geschenkt,
Er hat sie ohne Sorgen.
FAUST:
Was sagt sie uns für Unsinn vor?
Es wird mir gleich der Kopf zerbrechen.
Mich dünkt, ich hör ein ganzes Chor
Von hunderttausend Narren sprechen.
MEPHISTOPHELES:
Genug, genug, o treffliche Sibylle!
Gib deinen Trank herbei, und fülle
Die Schale rasch bis an den Rand hinan;
Denn meinem Freund wird dieser Trunk nicht schaden:

Sibylle: antike Wahrsagerin

Hexenküche

Er ist ein Mann von vielen Graden,
Der manchen guten Schluck getan.

Die Hexe, mit vielen Zeremonien, schenkt den Trank in eine Schale; wie sie Faust an den Mund bringt, entsteht eine leichte Flamme.

MEPHISTOPHELES:

Nur frisch hinunter! Immer zu!
Es wird dir gleich das Herz erfreuen.
Bist mit dem Teufel du und du,
Und willst dich vor der Flamme scheuen?

Die Hexe löst den Kreis. Faust tritt heraus.

MEPHISTOPHELES:

Nun frisch hinaus! Du darfst nicht ruhn.

DIE HEXE:

Mög Euch das Schlückchen wohl behagen!

MEPHISTOPHELES *zur Hexe:*

Und kann ich dir was zu Gefallen tun,
So darfst du mir's nur auf Walpurgis sagen.

DIE HEXE:

Hier ist ein Lied! wenn Ihr's zuweilen singt,
So werdet Ihr besondre Wirkung spüren.

MEPHISTOPHELES *zu Faust:*

Komm nur geschwind und lass dich führen;
Du musst notwendig transpirieren,
Damit die Kraft durch Inn- und Äußres dringt.
Den edlen Müßiggang lehr ich hernach dich schätzen,
Und bald empfindest du mit innigem Ergetzen,
Wie sich Cupido regt und hin und wider springt.

FAUST:

Lass mich nur schnell noch in den Spiegel schauen!
Das Frauenbild war gar zu schön!

MEPHISTOPHELES:

Nein! Nein! Du sollst das Muster aller Frauen
Nun bald leibhaftig vor dir sehn.

Walpurgis: orgiastische Feier der Hexen auf dem Blocksberg

transpirieren: schwitzen

Cupido: andere Bezeichnung für den antiken Liebesgott Eros bzw. Amor

Der Tragödie erster Teil

Leise.
Du siehst, mit diesem Trank im Leibe,
Bald Helenen in jedem Weibe.

Helena: schönste und begehrenswerteste Frau

Straße

Faust. Margarete vorübergehend.
FAUST:
2605 Mein schönes Fräulein, darf ich wagen,
Meinen Arm und Geleit Ihr anzutragen?
MARGARETHE:
Bin weder Fräulein, weder schön,
Kann ungeleitet nach Hause gehn.
Sie macht sich los und ab.
FAUST:
Beim Himmel, dieses Kind ist schön!
2610 So etwas hab ich nie gesehn.
Sie ist so sitt- und tugendreich
Und etwas schnippisch doch zugleich.
Der Lippe Rot, der Wange Licht,
Die Tage der Welt vergess ich's nicht!
2615 Wie sie die Augen niederschlägt,
Hat tief sich in mein Herz geprägt;
Wie sie kurz angebunden war,
Das ist nun zum Entzücken gar!

Mephistopheles tritt auf.
FAUST:
Hör, du musst mir die Dirne schaffen!
MEPHISTOPHELES:
Nun, welche?
FAUST:
2620 　　　　Sie ging just vorbei.

Dirne: hier Mädchen, junge Frau

Straße

MEPHISTOPHELES:
Da die? Sie kam von ihrem Pfaffen,
Der sprach sie aller Sünden frei;
Ich schlich mich hart am Stuhl vorbei.
Es ist ein gar unschuldig Ding,
Das eben für nichts zur Beichte ging;
Über die hab ich keine Gewalt!

Stuhl: hier Beichtstuhl

FAUST:
Ist über vierzehn Jahr doch alt.

MEPHISTOPHELES:
Du sprichst ja wie Hans Liederlich,
Der begehrt jede liebe Blum' für sich,
Und dünkelt ihm, es wär kein' Ehr'
Und Gunst, die nicht zu pflücken wär;
Geht aber doch nicht immer an.

vierzehn Jahr: mit Vierzehn galt ein Mädchen als sexuell mündig.

Ehr': Jungfräulichkeit

FAUST:
Mein Herr Magister Lobesan,
Lass Er mich mit dem Gesetz in Frieden!
Und das sag ich Ihm kurz und gut:
Wenn nicht das süße junge Blut
Heut Nacht in meinen Armen ruht,
So sind wir um Mitternacht geschieden.

Magister Lobesan: löblicher Magister, hier Pedant

MEPHISTOPHELES:
Bedenkt, was gehn und stehen mag!
Ich brauche wenigstens vierzehn Tag',
Nur die Gelegenheit auszuspüren.

FAUST:
Hätt ich nur sieben Stunden Ruh',
Brauchte den Teufel nicht dazu,
So ein Geschöpfchen zu verführen.

MEPHISTOPHELES:
Ihr sprecht schon fast wie ein Franzos;
Doch bitt ich, lasst's Euch nicht verdrießen:
Was hilft's, nur grade zu genießen?

Der Tragödie erster Teil

> Die Freud' ist lange nicht so groß,
> Als wenn Ihr erst herauf, herum,
> Durch allerlei Brimborium
> Das Püppchen geknetet und zugericht't,
> Wie's lehrt manche welsche Geschicht'.

FAUST:
> Hab Appetit auch ohne das.

MEPHISTOPHELES:
> Jetzt ohne Schimpf und ohne Spaß.
> Ich sag Euch: mit dem schönen Kind
> Geht's ein- für allemal nicht geschwind.
> Mit Sturm ist da nichts einzunehmen;
> Wir müssen uns zur List bequemen.

FAUST:
> Schaff mir etwas vom Engelsschatz!
> Führ mich an ihren Ruheplatz!
> Schaff mir ein Halstuch von ihrer Brust,
> Ein Strumpfband meiner Liebeslust!

MEPHISTOPHELES:
> Damit Ihr seht, dass ich Eurer Pein
> Will förderlich und dienstlich sein,
> Wollen wir keinen Augenblick verlieren,
> Will Euch noch heut in ihr Zimmer führen.

FAUST:
> Und soll sie sehn? sie haben?

MEPHISTOPHELES:
>   Nein!
> Sie wird bei einer Nachbarin sein.
> Indessen könnt Ihr ganz allein
> An aller Hoffnung künft'ger Freuden
> In ihrem Dunstkreis satt Euch weiden.

FAUST:
> Können wir hin?

---

welsche Geschicht': Gemeint sind italienische Geschichten, die den Ruf hatten, anzüglich zu sein.

Abend

MEPHISTOPHELES:
                Es ist noch zu früh.
FAUST:
    Sorg du mir für ein Geschenk für sie! *Ab.*
MEPHISTOPHELES:
    Gleich schenken? Das ist brav! Da wird er reüssieren!   reüssieren: Erfolg haben
2675   Ich kenne manchen schönen Platz
    Und manchen altvergrabnen Schatz;
    Ich muss ein bisschen revidieren. *Ab.*   revidieren: suchen

Abend

Ein kleines reinliches Zimmer.
MARGARETHE *ihre Zöpfe flechtend und aufbindend:*
    Ich gäb was drum, wenn ich nur wüsst,
    Wer heut der Herr gewesen ist!
2680   Er sah gewiss recht wacker aus
    Und ist aus einem edlen Haus;
    Das konnt ich ihm an der Stirne lesen –
    Er wär auch sonst nicht so keck gewesen. *Ab.*

Mephistopheles. Faust.
MEPHISTOPHELES:
    Herein, ganz leise, nur herein!
FAUST *nach einigem Stillschweigen:*
2685   Ich bitte dich, lass mich allein!
MEPHISTOPHELES *herumspürend:*
    Nicht jedes Mädchen hält so rein. *Ab.*
FAUST *rings aufschauend:*
    Willkommen, süßer Dämmerschein,
    Der du dies Heiligtum durchwebst!
    Ergreif mein Herz, du süße Liebespein,
2690   Die du vom Tau der Hoffnung schmachtend lebst!
    Wie atmet rings Gefühl der Stille,

Der Tragödie erster Teil

Der Ordnung, der Zufriedenheit!
In dieser Armut welche Fülle!
In diesem Kerker welche Seligkeit!
Er wirft sich auf den ledernen Sessel am Bette.
O nimm mich auf, der du die Vorwelt schon
Bei Freud' und Schmerz im offnen Arm empfangen!
Wie oft, ach! hat an diesem Väterthron
Schon eine Schar von Kindern rings gehangen!
Vielleicht hat, dankbar für den heil'gen Christ,
Mein Liebchen hier, mit vollen Kinderwangen,
Dem Ahnherrn fromm die welke Hand geküsst.
Ich fühl, o Mädchen, deinen Geist
Der Füll' und Ordnung um mich säuseln,
Der mütterlich dich täglich unterweist,
Den Teppich auf den Tisch dich reinlich breiten heißt,
Sogar den Sand zu deinen Füßen kräuseln.
O liebe Hand! so göttergleich!
Die Hütte wird durch dich ein Himmelreich.
Und hier!
Er hebt einen Bettvorhang auf.
    Was fasst mich für ein Wonnegraus!
Hier möcht ich volle Stunden säumen.
Natur! hier bildetest in leichten Träumen
Den eingebornen Engel aus!

Hier lag das Kind, mit warmem Leben
Den zarten Busen angefüllt,
Und hier mit heilig reinem Weben
Entwirkte sich das Götterbild!

Und du! Was hat dich hergeführt?
Wie innig fühl ich mich gerührt!
Was willst du hier? Was wird das Herz dir schwer?
Armsel'ger Faust! ich kenne dich nicht mehr.

eingeborner Engel: gemeint ist Gretchen

Abend

Umgibt mich hier ein Zauberduft?
Mich drang's, so grade zu genießen,
Und fühle mich in Liebestraum zerfließen!
Sind wir ein Spiel von jedem Druck der Luft?

Und träte sie den Augenblick herein,
Wie würdest du für deinen Frevel büßen!
Der große Hans, ach wie so klein!
Läg, hingeschmolzen, ihr zu Füßen.

MEPHISTOPHELES *kommt:*
Geschwind! ich seh sie unten kommen.

FAUST:
Fort! Fort! Ich kehre nimmermehr!

MEPHISTOPHELES:
Hier ist ein Kästchen leidlich schwer,
Ich hab's woanders hergenommen.
Stellt's hier nur immer in den Schrein,
Ich schwör Euch, ihr vergehn die Sinnen;
Ich tat Euch Sächelchen hinein,
Um eine andre zu gewinnen.
Zwar Kind ist Kind und Spiel ist Spiel.

FAUST:
Ich weiß nicht, soll ich?

MEPHISTOPHELES:
                Fragt Ihr viel?
Meint Ihr vielleicht den Schatz zu wahren?
Dann rat ich Eurer Lüsternheit,
Die liebe schöne Tageszeit
Und mir die weitre Müh' zu sparen.
Ich hoff nicht, dass Ihr geizig seid!
Ich kratz' den Kopf, reib' an den Händen –
Er stellt das Kästchen in den Schrein und drückt das Schloss wieder zu.
Nur fort! geschwind! –

---

großer Hans, ach wie so klein: sprichwörtlich für »ein reicher Mensch«

Der Tragödie erster Teil

Um Euch das süße junge Kind
Nach Herzens Wunsch und Will' zu wenden;
Und Ihr seht drein,
Als solltet Ihr in den Hörsaal hinein,
Als stünden grau leibhaftig vor Euch da
Physik und Metaphysika!
Nur fort!
Ab.

MARGARETHE *mit einer Lampe:*
Es ist so schwül, so dumpfig hie,
Sie macht das Fenster auf.
Und ist doch eben so warm nicht drauß.
Es wird mir so, ich weiß nicht wie –
Ich wollt, die Mutter käm nach Haus.
Mir läuft ein Schauer übern ganzen Leib –
Bin doch ein töricht furchtsam Weib!
Sie fängt an zu singen, indem sie sich auszieht.

    Es war ein König in Thule
    Gar treu bis an das Grab,
    Dem sterbend seine Buhle
    Einen goldnen Becher gab.

    Es ging ihm nichts darüber,
    Er leert ihn jeden Schmaus;
    Die Augen gingen ihm über,
    Sooft er trank daraus.

    Und als er kam zu sterben,
    Zählt' er seine Städt' im Reich,
    Gönnt alles seinem Erben,
    Den Becher nicht zugleich.

    Er saß beim Königsmahle,
    Die Ritter um ihn her,

Physik und Metaphysik: Körperliches und Übersinnliches. Zwischen beiden Prinzipien schwankt Faust hin und her.

Thuhle: sagenhafte Insel im hohen Norden

Buhle: Geliebte

Abend

Auf hohem Vätersaale,
Dort auf dem Schloss am Meer.

Dort stand der alte Zecher,
Trank letzte Lebensglut,
Und warf den heil'gen Becher
Hinunter in die Flut.

Er sah ihn stürzen, trinken
Und sinken tief ins Meer,
Die Augen täten ihm sinken,
Trank nie einen Tropfen mehr.

*Sie eröffnet den Schrein, ihre Kleider einzuräumen,
und erblickt das Schmuckkästchen.*
Wie kommt das schöne Kästchen hier herein?
Ich schloss doch ganz gewiss den Schrein.
Es ist doch wunderbar! Was mag wohl drinne sein?
Vielleicht bracht's jemand als ein Pfand,
Und meine Mutter lieh darauf.
Da hängt ein Schlüsselchen am Band,
Ich denke wohl, ich mach es auf!
Was ist das? Gott im Himmel! Schau,
So was hab ich mein' Tage nicht gesehn!
Ein Schmuck! Mit dem könnt eine Edelfrau
Am höchsten Feiertage gehn.
Wie sollte mir die Kette stehn?
Wem mag die Herrlichkeit gehören?
Sie putzt sich damit auf und tritt vor den Spiegel.
Wenn nur die Ohrring' meine wären!
Man sieht doch gleich ganz anders drein.
Was hilft euch Schönheit, junges Blut?
Das ist wohl alles schön und gut,
Allein man lässt's auch alles sein;

Der Tragödie erster Teil

Man lobt euch halb mit Erbarmen.
Nach Golde drängt,
Am Golde hängt
Doch alles. Ach wir Armen!

Spaziergang

Faust in Gedanken auf und ab gehend.
Zu ihm Mephistopheles.

MEPHISTOPHELES:
Bei aller verschmähten Liebe! Beim höllischen
Elemente!
Ich wollt, ich wüsste was Ärgers, dass ich's fluchen
könnte!

FAUST:
Was hast? was kneipt dich denn so sehr?   kneipt:
So kein Gesicht sah ich in meinem Leben!   ärgert

MEPHISTOPHELES:
Ich möcht mich gleich dem Teufel übergeben,
Wenn ich nur selbst kein Teufel wär!

FAUST:
Hat sich dir was im Kopf verschoben?
Dich kleidet's, wie ein Rasender zu toben!

MEPHISTOPHELES:
Denkt nur, den Schmuck, für Gretchen angeschafft,
Den hat ein Pfaff hinweggerafft! –
Die Mutter kriegt das Ding zu schauen,
Gleich fängt's ihr heimlich an zu grauen:
Die Frau hat gar einen feinen Geruch,
Schnuffelt immer im Gebetbuch,
Und riecht's einem jeden Möbel an,
Ob das Ding heilig ist oder profan;   profan:
Und an dem Schmuck da spürt sie's klar,   weltlich,
Dass dabei nicht viel Segen war.   unheilig

Spaziergang

Mein Kind, rief sie, ungerechtes Gut
Befängt die Seele, zehrt auf das Blut.
Wollen's der Mutter Gottes weihen,   *Himmels-Manna:*
Wird uns mit Himmels-Manna erfreuen!   *himmlische Speise*
Margretlein zog ein schiefes Maul,
Ist halt, dacht sie, ein geschenkter Gaul,
Und wahrlich! gottlos ist nicht der,
Der ihn so fein gebracht hierher.
Die Mutter ließ einen Pfaffen kommen;
Der hatte kaum den Spaß vernommen,
Ließ sich den Anblick wohl behagen.
Er sprach: So ist man recht gesinnt!
Wer überwindet, der gewinnt.
Die Kirche hat einen guten Magen,
Hat ganze Länder aufgefressen,
Und doch noch nie sich übergessen;
Die Kirch' allein, meine lieben Frauen,
Kann ungerechtes Gut verdauen.

FAUST:

Das ist ein allgemeiner Brauch,
Ein Jud' und König kann es auch.

MEPHISTOPHELES:

Strich drauf ein Spange, Kett' und Ring',
Als wären's eben Pfifferling',
Dankt nicht weniger und nicht mehr,
Als ob's ein Korb voll Nüsse wär,
Versprach ihnen allen himmlischen Lohn –
Und sie waren sehr erbaut davon.

FAUST:

Und Gretchen?

MEPHISTOPHELES:

              Sitzt nun unruhvoll,
Weiß weder, was sie will noch soll,

Der Tragödie erster Teil

> Denkt ans Geschmeide Tag und Nacht,
> Noch mehr an den, der's ihr gebracht.

FAUST:
> Des Liebchens Kummer tut mir leid.
> Schaff du ihr gleich ein neu Geschmeid'!
> 2855 Am ersten war ja so nicht viel.

MEPHISTOPHELES:
> O ja, dem Herrn ist alles Kinderspiel!

FAUST:
> Und mach, und richt's nach meinem Sinn!
> Häng dich an ihre Nachbarin!
> Sei, Teufel, doch nur nicht wie Brei,
> 2860 Und schaff einen neuen Schmuck herbei!

MEPHISTOPHELES:
> Ja, gnäd'ger Herr, von Herzen gerne.

Faust ab.

MEPHISTOPHELES:
> So ein verliebter Tor verpufft
> Euch Sonne, Mond und alle Sterne
> Zum Zeitvertreib dem Liebchen in die Luft.

Ab.

Geschmeide: Schmuck

Der Nachbarin Haus

MARTHE *allein:*
> 2865 Gott verzeih's meinem lieben Mann,
> Er hat an mir nicht wohlgetan!
> Geht da stracks in die Welt hinein,
> Und lässt mich auf dem Stroh allein.
> Tät ihn doch wahrlich nicht betrüben,
> 2870 Tät ihn, weiß Gott, recht herzlich lieben.

Sie weint.

> Vielleicht ist er gar tot! – O Pein! –
> Hätt ich nur einen Totenschein!

Stroh: verweist auf die Redewendung »Strohwitwe«, mit der Frauen gemeint sind, die von ihren Ehemännern verlassen wurde

Totenschein: wichtig, weil Marthe nur mit ihm wieder heiraten darf

Der Nachbarin Haus

Margarete kommt.

MARGARETHE:
Frau Marthe!

MARTHE:
          Gretelchen, was soll's?

MARGARETHE:
Fast sinken mir die Knie nieder!
Da find ich so ein Kästchen wieder
In meinem Schrein, von Ebenholz,
Und Sachen herrlich ganz und gar,
Weit reicher, als das erste war.

MARTHE:
Das muss Sie nicht der Mutter sagen;
Tät's wieder gleich zur Beichte tragen.

MARGARETHE:
Ach seh Sie nur! ach schau Sie nur!

MARTHE *putzt sie auf:*
O du glücksel'ge Kreatur!

MARGARETHE:
Darf mich, leider, nicht auf der Gassen,
Noch in der Kirche mit sehen lassen.

MARTHE:
Komm du nur oft zu mir herüber,
Und leg den Schmuck hier heimlich an;
Spazier ein Stündchen lang dem Spiegelglas vorüber,
Wir haben unsre Freude dran;
Und dann gibt's einen Anlass, gibt's ein Fest,
Wo man's so nach und nach den Leuten sehen lässt.
Ein Kettchen erst, die Perle dann ins Ohr;
Die Mutter sieht's wohl nicht, man macht ihr auch was vor.

MARGARETHE:
Wer konnte nur die beiden Kästchen bringen?
Es geht nicht zu mit rechten Dingen!

Der Tragödie erster Teil

Es klopft.
2895 Ach Gott! mag das meine Mutter sein?
Marthe durchs Vorhängel guckend.
Es ist ein fremder Herr – Herein!

Mephistopheles tritt auf.
MEPHISTOPHELES:
Bin so frei, grad' hereinzutreten,
Muss bei den Frauen Verzeihn erbeten.
Tritt ehrerbietig vor Margareten zurück.
Wollte nach Frau Marthe Schwerdtlein fragen!
MARTHE:
2900 Ich bin's, was hat der Herr zu sagen?
MEPHISTOPHELES *leise zu ihr:*
Ich kenne Sie jetzt, mir ist das genug;
Sie hat da gar vornehmen Besuch.
Verzeiht die Freiheit, die ich genommen,
Will Nachmittage wiederkommen.
MARTHE *laut:*
2905 Denk, Kind, um alles in der Welt!
Der Herr dich für ein Fräulein hält.

Fräulein: *hier* eine Adlige

MARGARETHE:
Ich bin ein armes junges Blut;
Ach Gott! der Herr ist gar zu gut:
Schmuck und Geschmeide sind nicht mein.
MEPHISTOPHELES:
2910 Ach, es ist nicht der Schmuck allein;
Sie hat ein Wesen, einen Blick so scharf!
Wie freut mich's, dass ich bleiben darf.
MARTHE:
Was bringt Er denn? Verlange sehr –
MEPHISTOPHELES:
Ich wollt, ich hätt eine frohere Mär!

Mär: Nachricht, Geschichte

Der Nachbarin Haus

Ich hoffe, Sie lässt mich's drum nicht büßen:
Ihr Mann ist tot und lässt Sie grüßen.

MARTHE:

Ist tot? das treue Herz! O weh!
Mein Mann ist tot! Ach, ich vergeh!

MARGARETHE:

Ach! liebe Frau, verzweifelt nicht!

MEPHISTOPHELES:

So hört die traurige Geschicht'!

MARGARETHE:

Ich möchte drum mein' Tag' nicht lieben,
Würde mich Verlust zu Tode betrüben.

MEPHISTOPHELES:

Freud' muss Leid, Leid muss Freude haben.

MARTHE:

Erzählt mir seines Lebens Schluss!

MEPHISTOPHELES:

Er liegt in Padua begraben
Beim heiligen Antonius,
An einer wohlgeweihten Stätte
Zum ewig kühlen Ruhebette.

MARTHE:

Habt Ihr sonst nichts an mich zu bringen?

MEPHISTOPHELES:

Ja, eine Bitte, groß und schwer:
Lass Sie doch ja für ihn dreihundert Messen singen!
Im Übrigen sind meine Taschen leer.

MARTHE:

Was! nicht ein Schaustück? Kein Geschmeid'?
Was jeder Handwerksbursch im Grund des Säckels spart,
Zum Angedenken aufbewahrt,
Und lieber hungert, lieber bettelt!

---

dreihundert Messen: Für das Seelenheil eines Verstorbenen ließ man Messen feiern. Diese hohe Zahl hätte Marthe allerdings ruiniert.

Der Tragödie erster Teil

MEPHISTOPHELES:
Madam, es tut mir herzlich leid;
Allein er hat sein Geld wahrhaftig nicht verzettelt. *verzettelt: vergeudet*
Auch er bereute seine Fehler sehr,
2940 Ja, und bejammerte sein Unglück noch viel mehr.
MARGARETHE:
Ach! dass die Menschen so unglücklich sind!
Gewiss, ich will für ihn manch Requiem noch beten. *Requiem: Totenmesse*
MEPHISTOPHELES:
Ihr wäret wert, gleich in die Eh' zu treten:
Ihr seid ein liebenswürdig Kind.
MARGARETHE:
2945 Ach nein, das geht jetzt noch nicht an.
MEPHISTOPHELES:
Ist's nicht ein Mann, sei's derweil ein Galan. *Galan: vornehmer Liebhaber*
's ist eine der größten Himmelsgaben,
So ein lieb Ding im Arm zu haben.
MARGARETHE:
Das ist des Landes nicht der Brauch.
MEPHISTOPHELES:
2950 Brauch oder nicht! Es gibt sich auch.
MARTHE:
Erzählt mir doch!
MEPHISTOPHELES:
    Ich stand an seinem Sterbebette,
Es war was besser als von Mist,
Von halbgefaultem Stroh; allein er starb als Christ,
Und fand, dass er weit mehr noch auf der Zeche hätte. *Zeche: Schuld auf sich geladen*
2955 ›Wie‹, rief er, ›muss ich mich von Grund aus hassen,
So mein Gewerb, mein Weib so zu verlassen!
Ach, die Erinnrung tötet mich.
Vergäb sie mir nur noch in diesem Leben!‹
MARTHE *weinend:*
Der gute Mann! ich hab ihm längst vergeben.

Der Nachbarin Haus

MEPHISTOPHELES:
›Allein, weiß Gott! sie war mehr schuld als ich.‹
MARTHE:
Das lügt er! Was! am Rand des Grabs zu lügen!
MEPHISTOPHELES:
Er fabelte gewiss in letzten Zügen,
Wenn ich nur halb ein Kenner bin.
›Ich hatte‹, sprach er, ›nicht zum Zeitvertreib zu gaffen,
Erst Kinder, und dann Brot für sie zu schaffen,
Und Brot im allerweitsten Sinn,
Und konnte nicht einmal mein Teil in Frieden essen.‹
MARTHE:
Hat er so aller Treu', so aller Lieb' vergessen,
Der Plackerei bei Tag und Nacht!
MEPHISTOPHELES:
Nicht doch, er hat Euch herzlich dran gedacht.
Er sprach: ›Als ich nun weg von Malta ging,
Da betet ich für Frau und Kinder brünstig;
Uns war denn auch der Himmel günstig,
Dass unser Schiff ein türkisch Fahrzeug fing,
Das einen Schatz des großen Sultans führte.
Da ward der Tapferkeit ihr Lohn,
Und ich empfing denn auch, wie sich gebührte,
Mein wohlgemessnes Teil davon.‹
MARTHE:
Ei wie? Ei wo? Hat er's vielleicht vergraben?
MEPHISTOPHELES:
Wer weiß, wo nun es die vier Winde haben.
Ein schönes Fräulein nahm sich seiner an,
Als er in Napel fremd umherspazierte;
Sie hat an ihm viel Lieb's und Treu's getan,
Dass er's bis an sein selig Ende spürte.

brünstig: inbrünstig

Fräulein: hier Herumtreiberin

Napel: Neapel

selig Ende: Marthes Mann infizierte sich mit einer Geschlechtskrankheit, an der er auch starb. Die Syphilis wird auch als neapolitanische Krankheit bezeichnet.

Der Tragödie erster Teil

MARTHE:
Der Schelm! der Dieb an seinen Kindern!
Auch alles Elend, alle Not
Konnt nicht sein schändlich Leben hindern!

MEPHISTOPHELES:
Ja seht! dafür ist er nun tot.
Wär ich nun jetzt an Eurem Platze,
Betraut ich ihn ein züchtig Jahr,
Visierte dann unterweil nach einem neuen Schatze.

MARTHE:
Ach Gott! wie doch mein erster war,
Find ich nicht leicht auf dieser Welt den andern!
Es konnte kaum ein herziger Närrchen sein.
Er liebte nur das allzu viele Wandern;
Und fremde Weiber, und fremden Wein,
Und das verfluchte Würfelspiel.

MEPHISTOPHELES:
Nun, nun, so konnt es gehn und stehen,
Wenn er Euch ungefähr so viel
Von seiner Seite nachgesehen.
Ich schwör Euch zu, mit dem Beding
Wechselt ich selbst mit Euch den Ring!

MARTHE:
O es beliebt dem Herrn, zu scherzen!

MEPHISTOPHELES *für sich:*
Nun mach ich mich beizeiten fort!
Die hielte wohl den Teufel selbst beim Wort.
Zu Gretchen.
Wie steht es denn mit Ihrem Herzen?

MARGARETHE:
Was meint der Herr damit?

MEPHISTOPHELES *für sich:*
Du gut's, unschuldig's Kind!

Der Nachbarin Haus

Laut.
Lebt wohl, ihr Fraun!

MARGARETHE:
Lebt wohl!

MARTHE:
O sagt mir doch geschwind!
Ich möchte gern ein Zeugnis haben,
Wo, wie und wann mein Schatz gestorben und
begraben.
Ich bin von je der Ordnung Freund gewesen,
Möcht ihn auch tot im Wochenblättchen lesen.

MEPHISTOPHELES:
Ja, gute Frau, durch zweier Zeugen Mund
Wird allerwegs die Wahrheit kund;
Habe noch gar einen feinen Gesellen,
Den will ich Euch vor den Richter stellen.
Ich bring ihn her.

MARTHE:
O tut das ja!

MEPHISTOPHELES:
Und hier die Jungfrau ist auch da? –
Ein braver Knab'! ist viel gereist,
Fräuleins alle Höflichkeit erweist.

MARGARETHE:
Müsste vor dem Herren schamrot werden.

MEPHISTOPHELES:
Vor keinem Könige der Erden.

MARTHE:
Da hinterm Haus in meinem Garten
Wollen wir der Herrn heut' Abend warten.

zweier Zeugen Mund:
Der Tod kann rechtskräftig nur von zwei Zeugen bestätigt werden.

Der Tragödie erster Teil

Straße

Faust. Mephistopheles.

FAUST:

3025 Wie ist's? Will's fördern? Will's bald gehn?

MEPHISTOPHELES:

Ah bravo! Find ich Euch in Feuer?
In kurzer Zeit ist Gretchen Euer.
Heut' Abend sollt Ihr sie bei Nachbar' Marthen sehn:
Das ist ein Weib wie auserlesen
3030 Zum Kuppler- und Zigeunerwesen!

FAUST:

So recht!

MEPHISTOPHELES:

Doch wird auch was von uns begehrt.

FAUST:

Ein Dienst ist wohl des andern wert.

MEPHISTOPHELES:

Wir legen nur ein gültig Zeugnis nieder,
Dass ihres Eh'herrn ausgereckte Glieder
3035 In Padua an heil'ger Stätte ruhn.

FAUST:

Sehr klug! Wir werden erst die Reise machen müssen!

MEPHISTOPHELES:

Sancta Simplicitas! darum ist's nicht zu tun;
Bezeugt nur, ohne viel zu wissen.

Sancta Simplicitas!: fromme Einfalt

FAUST:

Wenn Er nichts Bessers hat, so ist der Plan zerrissen.

MEPHISTOPHELES:

3040 O heil'ger Mann! Da wärt Ihr's nun!
Ist es das erste Mal in Eurem Leben,
Dass Ihr falsch Zeugnis abgelegt?
Habt Ihr von Gott, der Welt und was sich drin bewegt,
Vom Menschen, was sich ihm in Kopf und Herzen regt,

Straße

    Definitionen nicht mit großer Kraft gegeben?
    Mit frecher Stirne, kühner Brust?
    Und wollt Ihr recht ins Innre gehen,
    Habt Ihr davon, Ihr müsst es grad' gestehen,
    So viel als von Herrn Schwerdtleins Tod gewusst!

FAUST:
    Du bist und bleibst ein Lügner, ein Sophiste.

Sophist: Wortverdreher

MEPHISTOPHELES:
    Ja, wenn man's nicht ein bisschen tiefer wüsste.
    Denn morgen wirst, in allen Ehren,
    Das arme Gretchen nicht betören
    Und alle Seelenlieb' ihr schwören?

FAUST:
    Und zwar von Herzen.

MEPHISTOPHELES:
              Gut und schön!
    Dann wird von ewiger Treu' und Liebe,
    Von einzig überallmächt'gem Triebe –
    Wird das auch so von Herzen gehn?

FAUST:
    Lass das! Es wird! – Wenn ich empfinde,
    Für das Gefühl, für das Gewühl
    Nach Namen suche, keinen finde,
    Dann durch die Welt mit allen Sinnen schweife,
    Nach allen höchsten Worten greife,
    Und diese Glut, von der ich brenne,
    Unendlich, ewig, ewig nenne,
    Ist das ein teuflisch Lügenspiel?

MEPHISTOPHELES:
    Ich hab doch recht!

FAUST:
              Hör! merk dir dies –
    Ich bitte dich, und schone meine Lunge –
    Wer recht behalten will und hat nur eine Zunge,

Der Tragödie erster Teil

3070 Behält's gewiss.
Und komm, ich hab des Schwätzens Überdruss,
Denn du hast recht, vorzüglich weil ich muss.

Garten

Margarete an Faustens Arm. Marthe mit Mephistopheles auf und ab spazierend.

MARGARETHE:
Ich fühl es wohl, dass mich der Herr nur schont,
Herab sich lässt, mich zu beschämen.
3075 Ein Reisender ist so gewohnt,
Aus Gütigkeit fürliebzunehmen;   *fürliebnehmen: vorliebnehmen*
Ich weiß zu gut, dass solch erfahrnen Mann
Mein arm Gespräch nicht unterhalten kann.

FAUST:
Ein Blick von dir, ein Wort mehr unterhält
3080 Als alle Weisheit dieser Welt.
Er küsst ihre Hand.

MARGARETHE:
Inkommodiert Euch nicht! Wie könnt Ihr sie nur küssen?   *inkommodieren: quälen*
Sie ist so garstig, ist so rau!
Was hab ich nicht schon alles schaffen müssen!
Die Mutter ist gar zu genau. *Gehn vorüber.*

MARTHE:
3085 Und Ihr, mein Herr, Ihr reist so immer fort?

MEPHISTOPHELES:
Ach, dass Gewerb' und Pflicht uns dazu treiben!
Mit wie viel Schmerz verlässt man manchen Ort
Und darf doch nun einmal nicht bleiben!

MARTHE:
In raschen Jahren geht's wohl an,
3090 So um und um frei durch die Welt zu streifen;

Garten

> Doch kömmt die böse Zeit heran,
> Und sich als Hagestolz allein zum Grab zu schleifen,   *Hagestolz: ewiger Junggeselle*
> Das hat noch keinem wohlgetan.

MEPHISTOPHELES:
> Mit Grausen seh ich das von Weiten.

MARTHE:
> Drum, werter Herr, beratet Euch in Zeiten.
> *Gehn vorüber.*

MARGARETHE:
> Ja, aus den Augen, aus dem Sinn!
> Die Höflichkeit ist Euch geläufig;
> Allein Ihr habt der Freunde häufig,
> Sie sind verständiger, als ich bin.

FAUST:
> O Beste! glaube, was man so verständig nennt,
> Ist oft mehr Eitelkeit und Kurzsinn.

MARGARETHE:
>   Wie?

FAUST:
> Ach, dass die Einfalt, dass die Unschuld nie
> Sich selbst und ihren heil'gen Wert erkennt!
> Dass Demut, Niedrigkeit, die höchsten Gaben
> Der liebevoll austeilenden Natur –

MARGARETHE:
> Denkt Ihr an mich ein Augenblickchen nur,
> Ich werde Zeit genug an Euch zu denken haben.

FAUST:
> Ihr seid wohl viel allein?

MARGARETHE:
> Ja, unsre Wirtschaft ist nur klein,   *Wirtschaft: Haushalt, Geschäft*
> Und doch will sie versehen sein.
> Wir haben keine Magd; muss kochen, fegen, stricken
> Und nähn, und laufen früh und spat;
> Und meine Mutter ist in allen Stücken

(3095, 3100, 3105, 3110)

Der Tragödie erster Teil

So akkurat!
Nicht dass sie just so sehr sich einzuschränken hat;
Wir könnten uns weit eh'r als andre regen:
Mein Vater hinterließ ein hübsch Vermögen,
Ein Häuschen und ein Gärtchen vor der Stadt.
Doch hab ich jetzt so ziemlich stille Tage;
Mein Bruder ist Soldat,
Mein Schwesterchen ist tot.
Ich hatte mit dem Kind wohl meine liebe Not;
Doch übernähm ich gern noch einmal alle Plage,
So lieb war mir das Kind.

FAUST:
       Ein Engel, wenn dir's glich.

MARGARETHE:
Ich zog es auf, und herzlich liebt es mich.
Es war nach meines Vaters Tod geboren.
Die Mutter gaben wir verloren,
So elend wie sie damals lag,
Und sie erholte sich sehr langsam, nach und nach.
Da konnte sie nun nicht dran denken,
Das arme Würmchen selbst zu tränken,
Und so erzog ich's ganz allein,
Mit Milch und Wasser; so ward's mein.
Auf meinem Arm, in meinem Schoß
War's freundlich, zappelte, ward groß.

FAUST:
Du hast gewiss das reinste Glück empfunden.

MARGARETHE:
Doch auch gewiss gar manche schwere Stunden.
Des Kleinen Wiege stand zu Nacht
An meinem Bett; es durfte kaum sich regen,
War ich erwacht;
Bald musst ich's tränken, bald es zu mir legen,
Bald, wenn's nicht schwieg, vom Bett aufstehn

Garten

    Und tänzelnd in der Kammer auf und nieder gehn,
    Und früh am Tage schon am Waschtrog stehn;
3145 Dann auf dem Markt und an dem Herde sorgen,
    Und immer fort, wie heut so morgen.
    Da geht's, mein Herr, nicht immer mutig zu;
    Doch schmeckt dafür das Essen, schmeckt die Ruh.
    Gehn vorüber.

MARTHE:
    Die armen Weiber sind doch übel dran:
3150 Ein Hagestolz ist schwerlich zu bekehren.

MEPHISTOPHELES:
    Es käme nur auf Euresgleichen an,
    Mich eines Bessern zu belehren.

MARTHE:
    Sagt grad', mein Herr, habt Ihr noch nichts gefunden?
    Hat sich das Herz nicht irgendwo gebunden?

MEPHISTOPHELES:
3155 Das Sprichwort sagt: Ein eigner Herd,
    Ein braves Weib sind Gold und Perlen wert.

MARTHE:
    Ich meine: ob Ihr niemals Lust bekommen?

MEPHISTOPHELES:
    Man hat mich überall recht höflich aufgenommen.

MARTHE:
    Ich wollte sagen: ward's nie Ernst in Eurem Herzen?

MEPHISTOPHELES:
3160 Mit Frauen soll man sich nie unterstehn zu scherzen.

MARTHE:
    Ach, Ihr versteht mich nicht!

MEPHISTOPHELES:
                        Das tut mir herzlich leid!
    Doch ich versteh – dass Ihr sehr gütig seid.
    Gehn vorüber.

Der Tragödie erster Teil

FAUST:
Du kanntest mich, o kleiner Engel, wieder,
Gleich als ich in den Garten kam?

MARGARETHE:
Saht Ihr es nicht? ich schlug die Augen nieder.

FAUST:
Und du verzeihst die Freiheit, die ich nahm?
Was sich die Frechheit unterfangen,
Als du jüngst aus dem Dom gegangen?

MARGARETHE:
Ich war bestürzt, mir war das nie geschehn;
Es konnte niemand von mir Übles sagen.
Ach, dacht ich, hat er in deinem Betragen
Was Freches, Unanständiges gesehn?
Es schien ihn gleich nur anzuwandeln,
Mit dieser Dirne gradehin zu handeln.
Gesteh ich's doch! Ich wusste nicht, was sich
Zu Eurem Vorteil hier zu regen gleich begonnte; *begonnte: begann*
Allein gewiss, ich war recht bös' auf mich,
Dass ich auf Euch nicht böser werden konnte.

FAUST:
Süß Liebchen!

MARGARETHE:
Lasst einmal!
Sie pflückt eine Sternblume und zupft die Blätter ab, eins nach dem andern.

FAUST:
Was soll das? Einen Strauß?

MARGARETHE:
Nein, es soll nur ein Spiel.

FAUST:
Wie?

MARGARETHE:
Geht! Ihr lacht mich aus.

Garten

Sie rupft und murmelt.

FAUST:
Was murmelst du?

MARGARETHE *halblaut:*
Er liebt mich – liebt mich nicht.

FAUST:
Du holdes Himmelsangesicht!

MARGARETHE *fährt fort:*
Liebt mich – Nicht – Liebt mich – Nicht –
Das letzte Blatt ausrupfend, mit holder Freude.
Er liebt mich!

FAUST:
Ja, mein Kind! Lass dieses Blumenwort
Dir Götterausspruch sein. Er liebt dich!
Verstehst du, was das heißt? Er liebt dich!
Er fasst ihre beiden Hände.

MARGARETHE:
Mich überläuft's!

FAUST:
O schaudre nicht! Lass diesen Blick,
Lass diesen Händedruck dir sagen,
Was unaussprechlich ist:
Sich hinzugeben ganz und eine Wonne
Zu fühlen, die ewig sein muss!
Ewig! – Ihr Ende würde Verzweiflung sein.
Nein, kein Ende! Kein Ende!
Margarete drückt ihm die Hände, macht sich los und läuft weg. Er steht einen Augenblick in Gedanken, dann folgt er ihr.

MARTHE *kommend:*
Die Nacht bricht an.

MEPHISTOPHELES:
Ja, und wir wollen fort.

Der Tragödie erster Teil

MARTHE:
Ich bät Euch, länger hierzubleiben,
Allein es ist ein gar zu böser Ort.
Es ist, als hätte niemand nichts zu treiben
Und nichts zu schaffen,
3200 Als auf des Nachbarn Schritt und Tritt zu gaffen,
Und man kommt ins Gered', wie man sich immer stellt.
Und unser Pärchen?
MEPHISTOPHELES:
    Ist den Gang dort aufgeflogen.
Mutwill'ge Sommervögel!
MARTHE:
    Er scheint ihr gewogen.
MEPHISTOPHELES:
Und sie ihm auch. Das ist der Lauf der Welt.

Sommervögel: gemeint sind Schmetterlinge als Zeichen des Unsteten, Leichtsinnigen

Ein Gartenhäuschen

Margarete springt herein, steckt sich hinter die Tür, hält die Fingerspitze an die Lippen, und guckt durch die Ritze.
MARGARETHE:
Er kommt!
FAUST *kommt:*
3205   Ach Schelm, so neckst du mich!
Treff ich dich! *Er küsst sie.*
MARGARETHE *ihn fassend und den Kuss zurückgebend:*
    Bester Mann! von Herzen lieb ich dich!
Mephistopheles klopft an.
FAUST *stampfend:*
Wer da?
MEPHISTOPHELES:
    Gut Freund!
FAUST:
    Ein Tier!

Wald und Höhle

MEPHISTOPHELES:
                    Es ist wohl Zeit zu scheiden.
MARTHE *kommt:*
    Ja, es ist spät, mein Herr.
FAUST:
                    Darf ich Euch nicht geleiten?
MARGARETHE:
    Die Mutter würde mich – Lebt wohl!
FAUST:
                    Muss ich denn gehn?
    Lebt wohl!
MARTHE:
        Ade!
MARGARETHE:
3210   Auf baldig Wiedersehn!
Faust und Mephistopheles ab.
MARGARETHE:
    Du lieber Gott! was so ein Mann
    Nicht alles, alles denken kann!
    Beschämt nur steh ich vor ihm da,
    Und sag zu allen Sachen ja.
3215   Bin doch ein arm unwissend Kind,
    Begreife nicht, was er an mir find't. *Ab.*

Wald und Höhle

Faust allein.
FAUST:
    Erhabner Geist, du gabst mir, gabst mir alles,
    Warum ich bat. Du hast mir nicht umsonst
    Dein Angesicht im Feuer zugewendet.
3220   Gabst mir die herrliche Natur zum Königreich,
    Kraft, sie zu fühlen, zu genießen. Nicht
    Kalt staunenden Besuch erlaubst du nur,

erhabner Geist: gemeint ist der Erdgeist

Der Tragödie erster Teil

Vergönnest mir, in ihre tiefe Brust,
Wie in den Busen eines Freunds, zu schauen.
Du führst die Reihe der Lebendigen
Vor mir vorbei und lehrst mich meine Brüder
Im stillen Busch, in Luft und Wasser kennen.
Und wenn der Sturm im Walde braust und knarrt,
Die Riesenfichte stürzend Nachbaräste
Und Nachbarstämme quetschend niederstreift
Und ihrem Fall dumpf hohl der Hügel donnert,
Dann führst du mich zur sichern Höhle, zeigst
Mich dann mir selbst, und meiner eignen Brust
Geheime tiefe Wunder öffnen sich.
Und steigt vor meinem Blick der reine Mond
Besänftigend herüber, schweben mir
Von Felsenwänden, aus dem feuchten Busch
Der Vorwelt silberne Gestalten auf
Und lindern der Betrachtung strenge Lust.

O dass dem Menschen nichts Vollkommnes wird,
Empfind ich nun. Du gabst zu dieser Wonne,
Die mich den Göttern nah und näher bringt,
Mir den Gefährten, den ich schon nicht mehr
Entbehren kann, wenn er gleich, kalt und frech,
Mich vor mir selbst erniedrigt, und zu Nichts,
Mit einem Worthauch, deine Gaben wandelt.
Er facht in meiner Brust ein wildes Feuer
Nach jenem schönen Bild geschäftig an.
So taruml ich von Begierde zu Genuss,
Und im Genuss verschmacht ich nach Begierde.

Mephistopheles tritt auf.
MEPHISTOPHELES:
Habt Ihr nun bald das Leben g'nug geführt?
Wie kann's Euch in die Länge freuen?

> Brüder: Hier sind die Tiere gemeint. Goethe ging von der Verwandtschaft aller Lebewesen aus.

> von Begierde zu Genuss: Begierde ist hier als erotische Lust zu verstehen, Genuss als das Gefühl der Allverbundenheit mit der Natur.

Wald und Höhle

Es ist wohl gut, dass man's einmal probiert;
Dann aber wieder zu was Neuen!

FAUST:

Ich wollt, du hättest mehr zu tun,
Als mich am guten Tag zu plagen.

MEPHISTOPHELES:

Nun, nun! ich lass dich gerne ruhn,
Du darfst mir's nicht im Ernste sagen.
An dir Gesellen, unhold, barsch und toll,
Ist wahrlich wenig zu verlieren.
Den ganzen Tag hat man die Hände voll!
Was ihm gefällt und was man lassen soll,
Kann man dem Herrn nie an der Nase spüren.

FAUST:

Das ist so just der rechte Ton!
Er will noch Dank, dass er mich ennuyiert.

ennuyieren: langweilen, lästig werden

MEPHISTOPHELES:

Wie hättst du, armer Erdensohn,
Dein Leben ohne mich geführt?
Vom Kribskrabs der Imagination
Hab ich dich doch auf Zeiten lang kuriert;
Und wär ich nicht, so wärst du schon
Von diesem Erdball abspaziert.
Was hast du da in Höhlen, Felsenritzen
Dich wie ein Schuhu zu versitzen?
Was schlurfst aus dumpfem Moos und triefendem Gestein,
Wie eine Kröte, Nahrung ein?
Ein schöner, süßer Zeitvertreib!
Dir steckt der Doktor noch im Leib.

Kribskrabs: Durcheinander

Schuhu: Uhu

FAUST:

Verstehst du, was für neue Lebenskraft
Mir dieser Wandel in der Öde schafft?
Ja, würdest du es ahnen können,

Der Tragödie erster Teil

    Du wärest Teufel g'nug, mein Glück mir nicht zu
                                                   gönnen.

MEPHISTOPHELES:
    Ein überirdisches Vergnügen!
    In Nacht und Tau auf den Gebirgen liegen,
    Und Erd' und Himmel wonniglich umfassen,
3285   Zu einer Gottheit sich aufschwellen lassen,
    Der Erde Mark mit Ahnungsdrang durchwühlen,
    Alle sechs Tagewerk' im Busen fühlen,   *sechs Tagewerke: die sechs Schöpfungstage (Gen 1)*
    In stolzer Kraft ich weiß nicht was genießen,
    Bald liebewonniglich in alles überfließen,
3290   Verschwunden ganz der Erdensohn,
    Und dann die hohe Intuition –
    Mit einer Gebärde.
    Ich darf nicht sagen, wie – zu schließen.

FAUST:
    Pfui über dich!

MEPHISTOPHELES:
                Das will Euch nicht behagen;
    Ihr habt das Recht, gesittet Pfui zu sagen.
3295   Man darf das nicht vor keuschen Ohren nennen,
    Was keusche Herzen nicht entbehren können.
    Und kurz und gut, ich gönn Ihm das Vergnügen,
    Gelegentlich sich etwas vorzulügen;
    Doch lange hält Er das nicht aus.
3300   Du bist schon wieder abgetrieben,
    Und, währt es länger, aufgerieben
    In Tollheit oder Angst und Graus!
    Genug damit! Dein Liebchen sitzt da drinne,
    Und alles wird ihr eng und trüb.
3305   Du kommst ihr gar nicht aus dem Sinne,
    Sie hat dich übermächtig lieb.
    Erst kam deine Liebeswut übergeflossen,
    Wie vom geschmolznen Schnee ein Bächlein übersteigt;

Wald und Höhle

Du hast sie ihr ins Herz gegossen,
Nun ist dein Bächlein wieder seicht.
Mich dünkt, anstatt in Wäldern zu thronen,
Ließ es dem großen Herren gut,
Das arme affenjunge Blut
Für seine Liebe zu belohnen.
Die Zeit wird ihr erbärmlich lang;
Sie steht am Fenster, sieht die Wolken ziehn
Über die alte Stadtmauer hin.
Wenn ich ein Vöglein wär! so geht ihr Gesang
Tagelang, halbe Nächte lang.
Einmal ist sie munter, meist betrübt,
Einmal recht ausgeweint,
Dann wieder ruhig, wie's scheint,
Und immer verliebt.

FAUST:
Schlange! Schlange!

MEPHISTOPHELES *für sich:*
Gelt! dass ich dich fange!

FAUST:
Verruchter! hebe dich von hinnen,
Und nenne nicht das schöne Weib!
Bring die Begier zu ihrem süßen Leib
Nicht wieder vor die halb verrückten Sinnen!

MEPHISTOPHELES:
Was soll es denn? Sie meint, du seist entflohn,
Und halb und halb bist du es schon.

FAUST:
Ich bin ihr nah, und wär ich noch so fern,
Ich kann sie nie vergessen, nie verlieren;
Ja, ich beneide schon den Leib des Herrn,
Wenn ihre Lippen ihn indes berühren.

Herr:
hier Figur des Gekreuzigten

Der Tragödie erster Teil

MEPHISTOPHELES:
  Gar wohl, mein Freund! Ich hab Euch oft beneidet
  Ums Zwillingspaar, das unter Rosen weidet.

Zwillingspaar: gemeint sind die weiblichen Brüste

FAUST:
  Entfliehe, Kuppler!
MEPHISTOPHELES:
              Schön! Ihr schimpft, und ich muss lachen.
  Der Gott, der Bub und Mädchen schuf,
3340 Erkannte gleich den edelsten Beruf,
  Auch selbst Gelegenheit zu machen.
  Nur fort, es ist ein großer Jammer!
  Ihr sollt in Eures Liebchens Kammer,
  Nicht etwa in den Tod.
FAUST:
3345 Was ist die Himmelsfreud' in ihren Armen?
  Lass mich an ihrer Brust erwarmen!
  Fühl ich nicht immer ihre Not?
  Bin ich der Flüchtling nicht? der Unbehauste?
  Der Unmensch ohne Zweck und Ruh',
3350 Der wie ein Wassersturz von Fels zu Felsen brauste,
  Begierig wütend, nach dem Abgrund zu?
  Und seitwärts sie, mit kindlich dumpfen Sinnen,
  Im Hüttchen auf dem kleinen Alpenfeld,
  Und all ihr häusliches Beginnen
3355 Umfangen in der kleinen Welt.
  Und ich, der Gottverhasste,
  Hatte nicht genug,
  Dass ich die Felsen fasste
  Und sie zu Trümmern schlug!
3360 Sie, ihren Frieden musst ich untergraben!
  Du, Hölle, musstest dieses Opfer haben!
  Hilf, Teufel, mir die Zeit der Angst verkürzen!
  Was muss geschehn, mag's gleich geschehn!

Gretchens Stube

> Mag ihr Geschick auf mich zusammenstürzen
> Und sie mit mir zugrunde gehn!

MEPHISTOPHELES:
> Wie's wieder siedet, wieder glüht!
> Geh ein und tröste sie, du Tor!
> Wo so ein Köpfchen keinen Ausgang sieht,
> Stellt er sich gleich das Ende vor.
> Es lebe, wer sich tapfer hält!
> Du bist doch sonst so ziemlich eingeteufelt.
> Nichts Abgeschmackters find ich auf der Welt
> Als einen Teufel, der verzweifelt.

eingeteufelt: zum Teufel geworden

Gretchens Stube

GRETCHEN *am Spinnrade allein:*
> Meine Ruh' ist hin,
> Mein Herz ist schwer;
> Ich finde sie nimmer
> Und nimmermehr.
>
> Wo ich ihn nicht hab,
> Ist mir das Grab,
> Die ganze Welt
> Ist mir vergällt.
>
> Mein armer Kopf
> Ist mir verrückt,
> Mein armer Sinn
> Ist mir zerstückt.
>
> Meine Ruh' ist hin,
> Mein Herz ist schwer;
> Ich finde sie nimmer
> Und nimmermehr.

Der Tragödie erster Teil

Nach ihm nur schau ich
Zum Fenster hinaus,
Nach ihm nur geh ich
Aus dem Haus.

Sein hoher Gang,
Sein' edle Gestalt,
Seines Mundes Lächeln,
Seiner Augen Gewalt,

Und seiner Rede
Zauberfluss,
Sein Händedruck,
Und ach, sein Kuss!

Meine Ruh' ist hin,
Mein Herz ist schwer;
Ich finde sie nimmer
Und nimmermehr.

Mein Busen drängt
Sich nach ihm hin.
Ach dürft ich fassen
Und halten ihn!

Und küssen ihn,
So wie ich wollt,
An seinen Küssen
Vergehen sollt!

Marthens Garten

Margarete. Faust.

MARGARETHE:
  Versprich mir, Heinrich! — Heinrich: Fausts Vorname
FAUST:
             Was ich kann!
MARGARETHE:
3415 Nun sag, wie hast du's mit der Religion?
  Du bist ein herzlich guter Mann,
  Allein ich glaub, du hältst nicht viel davon.
FAUST:
  Lass das, mein Kind! Du fühlst, ich bin dir gut;
  Für meine Lieben ließ ich Leib und Blut,
3420 Will niemand sein Gefühl und seine Kirche rauben.
MARGARETHE:
  Das ist nicht recht, man muss dran glauben!
FAUST:
  Muss man?
MARGARETHE:
             Ach! wenn ich etwas auf dich könnte!
  Du ehrst auch nicht die heil'gen Sakramente.

Sakramente: heilige gottesdienstliche Handlungen. Zu ihnen gehören u. a. Beichte, Taufe und auch die Ehe.

FAUST:
  Ich ehre sie.
MARGARETHE:
             Doch ohne Verlangen.
3425 Zur Messe, zur Beichte bist du lange nicht gegangen.
  Glaubst du an Gott?
FAUST:
             Mein Liebchen, wer darf sagen:
  Ich glaub an Gott?
  Magst Priester oder Weise fragen,
  Und ihre Antwort scheint nur Spott
  Über den Frager zu sein.

MARGARETHE:
So glaubst du nicht?

FAUST:
Misshör mich nicht, du holdes Angesicht!   misshören:
Wer darf ihn nennen?   falsch verstehen
Und wer bekennen:
Ich glaub ihn?
Wer empfinden,
Und sich unterwinden
Zu sagen: ich glaub ihn nicht?
Der Allumfasser,
Der Allerhalter,
Fasst und erhält er nicht
Dich, mich, sich selbst?
Wölbt sich der Himmel nicht da droben?
Liegt die Erde nicht hier unten fest?
Und steigen freundlich blickend
Ewige Sterne nicht herauf?
Schau ich nicht Aug' in Auge dir,
Und drängt nicht alles
Nach Haupt und Herzen dir,
Und webt in ewigem Geheimnis
Unsichtbar sichtbar neben dir?
Erfüll davon dein Herz, so groß es ist,
Und wenn du ganz in dem Gefühle selig bist,
Nenn es dann, wie du willst,
Nenn's Glück! Herz! Liebe! Gott!
Ich habe keinen Namen
Dafür! Gefühl ist alles;
Name ist Schall und Rauch,
Umnebelnd Himmelsglut.

MARGARETHE:
Das ist alles recht schön und gut;

Marthens Garten

3460 Ungefähr sagt das der Pfarrer auch,
Nur mit ein bisschen andern Worten.

FAUST:

Es sagen's allerorten
Alle Herzen unter dem himmlischen Tage,
Jedes in seiner Sprache;
3465 Warum nicht ich in der meinen?

MARGARETHE:

Wenn man's so hört, möcht's leidlich scheinen, — leidlich: richtig
Steht aber doch immer schief darum;
Denn du hast kein Christentum.

FAUST:

Liebs Kind!

MARGARETHE:

    Es tut mir lang schon weh,
3470 Dass ich dich in der Gesellschaft seh.

FAUST:

Wieso?

MARGARETHE:

Der Mensch, den du da bei dir hast,
Ist mir in tiefer innrer Seele verhasst;
Es hat mir in meinem Leben
So nichts einen Stich ins Herz gegeben
3475 Als des Menschen widrig Gesicht. — widrig: abscheulich, abstoßend

FAUST:

Liebe Puppe, fürcht ihn nicht!

MARGARETHE:

Seine Gegenwart bewegt mir das Blut.
Ich bin sonst allen Menschen gut;
Aber wie ich mich sehne, dich zu schauen,
3480 Hab ich vor dem Menschen ein heimlich Grauen,
Und halt ihn für einen Schelm dazu! — Schelm: Betrüger
Gott verzeih mir's, wenn ich ihm unrecht tu!

Der Tragödie erster Teil

FAUST:
> Es muss auch solche Käuze geben.

MARGARETHE:
> Wollte nicht mit seinesgleichen leben!
> Kommt er einmal zur Tür herein,
> Sieht er immer so spöttisch drein
> Und halb ergrimmt;
> Man sieht, dass er an nichts keinen Anteil nimmt;
> Es steht ihm an der Stirn geschrieben,
> Dass er nicht mag eine Seele lieben.
> Mir wird's so wohl in deinem Arm,
> So frei, so hingegeben warm,
> Und seine Gegenwart schnürt mir das Innre zu.

FAUST:
> Du ahnungsvoller Engel du!

MARGARETHE:
> Das übermannt mich so sehr,
> Dass, wo er nur mag zu uns treten,
> Mein ich sogar, ich liebte dich nicht mehr.
> Auch, wenn er da ist, könnt ich nimmer beten,
> Und das frisst mir ins Herz hinein;
> Dir, Heinrich, muss es auch so sein.

FAUST:
> Du hast nun die Antipathie!

Antipathie: Widerwillen, Abneigung

MARGARETHE:
> Ich muss nun fort.

FAUST:
> Ach, kann ich nie
> Ein Stündchen ruhig dir am Busen hängen,
> Und Brust an Brust und Seel' in Seele drängen?

MARGARETHE:
> Ach, wenn ich nur alleine schlief'!
> Ich ließ' dir gern heut Nacht den Riegel offen;
> Doch meine Mutter schläft nicht tief,

Marthens Garten

> Und würden wir von ihr betroffen,
> Ich wär gleich auf der Stelle tot!

FAUST:
> Du Engel, das hat keine Not.
> Hier ist ein Fläschchen! Drei Tropfen nur
> In ihren Trank umhüllen
> Mit tiefem Schlaf gefällig die Natur.

MARGARETHE:
> Was tu ich nicht um deinetwillen?
> Es wird ihr hoffentlich nicht schaden!

FAUST:
> Würd ich sonst, Liebchen, dir es raten?

MARGARETHE:
> Seh ich dich, bester Mann, nur an,
> Weiß nicht, was mich nach deinem Willen treibt;
> Ich habe schon so viel für dich getan,
> Dass mir zu tun fast nichts mehr übrig bleibt.
> *Ab.*

Mephistopheles tritt auf.

MEPHISTOPHELES:
> Der Grasaff'! ist er weg?

FAUST:
>   Hast wieder spioniert?

MEPHISTOPHELES:
> Ich hab's ausführlich wohl vernommen,
> Herr Doktor wurden da katechisiert,
> Hoff, es soll Ihnen wohl bekommen.
> Die Mädels sind doch sehr interessiert,
> Ob einer fromm und schlicht nach altem Brauch.
> Sie denken, duckt er da, folgt er uns eben auch.

FAUST:
> Du Ungeheuer siehst nicht ein,
> Wie diese treue liebe Seele

Grasaff: kindliche, unbedarfte Person

katechisiert: intensiv befragt

Der Tragödie erster Teil

₃₅₃₀ Von ihrem Glauben voll,
Der ganz allein
Ihr selig machend ist, sich heilig quäle,
Dass sie den liebsten Mann verloren halten soll.
MEPHISTOPHELES:
Du übersinnlicher sinnlicher Freier,
₃₅₃₅ Ein Mägdelein nasführet dich.
FAUST:
Du Spottgeburt von Dreck und Feuer!
MEPHISTOPHELES:
Und die Physiognomie versteht sie meisterlich: Physiognomie:
Lehre, in der vo
der Gesichtsfor
eines Menschen
auf dessen Wes
geschlossen wi
In meiner Gegenwart wird's ihr, sie weiß nicht wie,
Mein Mäskchen da weissagt verborgnen Sinn;
₃₅₄₀ Sie fühlt, dass ich ganz sicher ein Genie,
Vielleicht wohl gar der Teufel bin.
Nun, heute Nacht –?
FAUST:
              Was geht dich's an?
MEPHISTOPHELES:
Hab ich doch meine Freude dran!

Am Brunnen

Gretchen und Lieschen mit Krügen.
LIESCHEN:
Hast nichts von Bärbelchen gehört?
GRETCHEN:
₃₅₄₅ Kein Wort. Ich komm gar wenig unter Leute.
LIESCHEN:
Gewiss, Sibylle sagt mir's heute!
Die hat sich endlich auch betört. betört:
betören lassen
Das ist das Vornehmtun!
GRETCHEN:
              Wieso?

Am Brunnen

LIESCHEN:
                          Es stinkt!
Sie füttert zwei, wenn sie nun isst und trinkt.   *füttert zwei: ist schwanger*
GRETCHEN:
Ach!
LIESCHEN:
So ist's ihr endlich recht ergangen.
Wie lange hat sie an dem Kerl gehangen!
Das war ein Spazieren,
Auf Dorf und Tanzplatz Führen,
Musst überall die Erste sein,
Kurtesiert ihr immer mit Pastetchen und Wein;   *kurtesieren: den Hof machen*
Bild't sich was auf ihre Schönheit ein,
War doch so ehrlos, sich nicht zu schämen,
Geschenke von ihm anzunehmen.
War ein Gekos' und ein Geschleck';   *Gekos': Geküsse*
Da ist denn auch das Blümchen weg!
GRETCHEN:
Das arme Ding!
LIESCHEN:
                  Bedauerst sie noch gar!
Wenn unsereins am Spinnen war,
Uns nachts die Mutter nicht hinunterließ,
Stand sie bei ihrem Buhlen süß,
Auf der Türbank und im dunkeln Gang
Ward ihnen keine Stunde zu lang.
Da mag sie denn sich ducken nun,
Im Sünderhemdchen Kirchbuß' tun!   *Kirchbuße: öffentlicher Schauprozess in einer Kirche*
GRETCHEN:
Er nimmt sie gewiss zu seiner Frau.
LIESCHEN:
Er wär ein Narr! Ein flinker Jung'
Hat anderwärts noch Luft genung.
Er ist auch fort.

Der Tragödie erster Teil

GRETCHEN:
                Das ist nicht schön!
LIESCHEN:
    Kriegt sie ihn, soll's ihr übel gehn.
3575   Das Kränzel reißen die Buben ihr,
    Und Häckerling streuen wir vor die Tür! *Ab.*
GRETCHEN *nach Hause gehend:*
    Wie konnt ich sonst so tapfer schmälen,
    Wenn tät ein armes Mägdlein fehlen!
    Wie konnt ich über andrer Sünden
3580   Nicht Worte g'nug der Zunge finden!
    Wie schien mir's schwarz, und schwärzt's noch gar,
    Mir's immer doch nicht schwarz g'nug war,
    Und segnet mich und tat so groß,
    Und bin nun selbst der Sünde bloß!
3585   Doch – alles, was dazu mich trieb,
    Gott! war so gut! ach war so lieb!

> Häckerlinge streuen: Strohreste vor die Tür von Frauen streuen, um auf deren sündigen Lebenswandel hinzuweisen.
>
> schmälen: schimpfen, lästern, herabsetzend reden
>
> fehlen: einen Fehler begehen

Zwinger

In der Mauerhöhle ein Andachtsbild der Mater dolorosa, Blumenkrüge davor.
GRETCHEN *steckt frische Blumen in die Krüge:*
    Ach neige,
    Du Schmerzenreiche,
    Dein Antlitz gnädig meiner Not!

3590   Das Schwert im Herzen,
    Mit tausend Schmerzen
    Blickst auf zu deines Sohnes Tod.

    Zum Vater blickst du,
    Und Seufzer schickst du
3595   Hinauf um sein' und deine Not.

> Mater dolorosa: schmerzensreiche Mutter, Darstellung der Schmerzen Mariens, auch: Mutter Gottes am Kreuz Jesu Christi

Zwinger

> Wer fühlet,
> Wie wühlet
> Der Schmerz mir im Gebein?
> Was mein armes Herz hier banget,
> Was es zittert, was verlanget,
> Weißt nur du, nur du allein!
>
> Wohin ich immer gehe,
> Wie weh, wie weh, wie wehe
> Wird mir im Busen hier!
>
> Ich bin, ach, kaum alleine,
> Ich wein, ich wein, ich weine,
> Das Herz zerbricht in mir.
>
> Die Scherben vor meinem Fenster
> Betaut ich mit Tränen, ach,
> Als ich am frühen Morgen
> Dir diese Blumen brach.
>
> Schien hell in meine Kammer
> Die Sonne früh herauf,
> Saß ich in allem Jammer
> In meinem Bett schon auf.
>
> Hilf! rette mich von Schmach und Tod!
> Ach neige,
> Du Schmerzenreiche,
> Dein Antlitz gnädig meiner Not!

Der Tragödie erster Teil

Nacht

Straße vor Gretchens Türe.
VALENTIN *Soldat, Gretchens Bruder:*

3620 Wenn ich so saß bei einem Gelag,
Wo mancher sich berühmen mag,
Und die Gesellen mir den Flor
Der Mägdlein laut gepriesen vor,
Mit vollem Glas das Lob verschwemmt –
3625 Den Ellenbogen aufgestemmt,
Saß ich in meiner sichern Ruh',
Hört all dem Schwadronieren zu,
Und streiche lächelnd meinen Bart,
Und kriege das volle Glas zur Hand
3630 Und sage: Alles nach seiner Art!
Aber ist eine im ganzen Land,
Die meiner trauten Gretel gleicht,
Die meiner Schwester das Wasser reicht?
Topp! Topp! Kling! Klang! das ging herum;
3635 Die einen schrien: Er hat recht,
Sie ist die Zier vom ganzen Geschlecht!
Da saßen alle die Lober stumm.
Und nun! – um's Haar sich auszuraufen
Und an den Wänden hinaufzulaufen! –
3640 Mit Stichelreden, Naserümpfen
Soll jeder Schurke mich beschimpfen!
Soll wie ein böser Schuldner sitzen,
Bei jedem Zufallswörtchen schwitzen!
Und möcht ich sie zusammenschmeißen,
3645 Könnt ich sie doch nicht Lügner heißen.

Was kommt heran? Was schleicht herbei?
Irr ich nicht, es sind ihrer zwei.

verschwemmt: hinuntergespült, ausgetrunken

schwadronieren: belanglos daherreden

zusammenschmeißen: schlagen, verprügeln

Nacht

Ist er's, gleich pack ich ihn beim Felle,
Soll nicht lebendig von der Stelle!

Faust. Mephistopheles.

FAUST:

3650 Wie von dem Fenster dort der Sakristei
Aufwärts der Schein des ew'gen Lämpchens flämmert
Und schwach und schwächer seitwärts dämmert,
Und Finsternis drängt ringsum bei!
So sieht's in meinem Busen nächtig.

MEPHISTOPHELES:

3655 Und mir ist's wie dem Kätzlein schmächtig,
Das an den Feuerleitern schleicht,
Sich leis' dann um die Mauern streicht;
Mir ist's ganz tugendlich dabei,
Ein bisschen Diebsgelüst, ein bisschen Rammelei.
3660 So spukt mir schon durch alle Glieder
Die herrliche Walpurgisnacht.
Die kommt uns übermorgen wieder,
Da weiß man doch, warum man wacht.

FAUST:

Rückt wohl der Schatz indessen in die Höh',
3665 Den ich dort hinten flimmern seh?

Schatz: gemeint ist das Geschmeide, das Faust Gretchen zukommen ließ

MEPHISTOPHELES:

Du kannst die Freude bald erleben,
Das Kesselchen herauszuheben.
Ich schielte neulich so hinein,
Sind herrliche Löwentaler drein.

Löwentaler: eine Silbermünze

FAUST:

3670 Nicht ein Geschmeide? nicht ein Ring?
Meine liebe Buhle damit zu zieren?

MEPHISTOPHELES:

Ich sah dabei wohl so ein Ding,
Als wie eine Art von Perlenschnüren.

Der Tragödie erster Teil

FAUST:
>So ist es recht! Mir tut es weh,
>Wenn ich ohne Geschenke zu ihr geh.

MEPHISTOPHELES:
>Es sollt Euch eben nicht verdrießen,
>Umsonst auch etwas zu genießen.
>Jetzt, da der Himmel voller Sterne glüht,
>Sollt Ihr ein wahres Kunststück hören:
>Ich sing ihr ein moralisch Lied,
>Um sie gewisser zu betören.

Singt zur Zither.
>>Was machst du mir
>>Vor Liebchens Tür,
>>Kathrinchen, hier
>>Bei frühem Tagesblicke?
>>Lass, lass es sein!
>>Er lässt dich ein,
>>Als Mädchen ein,
>>Als Mädchen nicht zurücke.

>>Nehmt euch in Acht!
>>Ist es vollbracht,
>>Dann gute Nacht,
>>Ihr armen, armen Dinger!
>>Habt ihr euch lieb,
>>Tut keinem Dieb
>>Nur nichts zulieb'
>>Als mit dem Ring am Finger.

VALENTIN *tritt vor:*
>Wen lockst du hier? beim Element!
>Vermaledeiter Rattenfänger!
>Zum Teufel erst das Instrument!
>Zum Teufel hinterdrein den Sänger!

vermaledeiter: verfluchter

Nacht

MEPHISTOPHELES:
Die Zither ist entzwei! an der ist nichts zu halten.
VALENTIN:
Nun soll es an ein Schädelspalten!
MEPHISTOPHELES *zu Faust:*
Herr Doktor, nicht gewichen! Frisch!
Hart an mich an, wie ich Euch führe.
Heraus mit Eurem Flederwisch!
Nur zugestoßen! ich pariere.
VALENTIN:
Pariere den!
MEPHISTOPHELES:
    Warum denn nicht?
VALENTIN:
Auch den!
MEPHISTOPHELES:
    Gewiss!
VALENTIN:
    Ich glaub, der Teufel ficht!
Was ist denn das? Schon wird die Hand mir lahm.
MEPHISTOPHELES *zu Faust:*
Stoß zu!
VALENTIN *fällt:*
    O weh!
MEPHISTOPHELES:
    Nun ist der Lümmel zahm!
Nun aber fort! Wir müssen gleich verschwinden:
Denn schon entsteht ein mörderlich Geschrei.
Ich weiß mich trefflich mit der Polizei,
Doch mit dem Blutbann schlecht mich abzufinden.
MARTHE *am Fenster:*
Heraus! Heraus!
GRETCHEN *am Fenster:*
    Herbei ein Licht!

Flederwisch: kleiner Degen, meist für Dekorationszwecke

Blutbann: Gerichtsbarkeit über Leben und Tod

MARTHE *wie oben:*
Man schilt und rauft, man schreit und ficht.
VOLK:
Da liegt schon einer tot!
MARTHE *heraustretend:*
Die Mörder, sind sie denn entflohn?
GRETCHEN *heraustretend:*
Wer liegt hier?
VOLK:
                Deiner Mutter Sohn.
GRETCHEN:
Allmächtiger! welche Not!
VALENTIN:
Ich sterbe! das ist bald gesagt
Und bälder noch getan.
Was steht ihr Weiber, heult und klagt?
Kommt her und hört mich an!
Alle treten um ihn.
Mein Gretchen, sieh! du bist noch jung,
Bist gar noch nicht gescheit genung,
Machst deine Sachen schlecht.
Ich sag dir's im Vertrauen nur:
Du bist doch nun einmal eine Hur';
So sei's auch eben recht.
GRETCHEN:
Mein Bruder! Gott! Was soll mir das?
VALENTIN:
Lass unsern Herrgott aus dem Spaß!
Geschehn ist leider nun geschehn,
Und wie es gehn kann, so wird's gehn.
Du fingst mit e i n e m heimlich an,
Bald kommen ihrer mehre dran,
Und wenn dich erst ein Dutzend hat,
So hat dich auch die ganze Stadt.

Nacht

Wenn erst die Schande wird geboren,
Wird sie heimlich zur Welt gebracht,
Und man zieht den Schleier der Nacht
Ihr über Kopf und Ohren;
Ja, man möchte sie gern ermorden.
Wächst sie aber und macht sich groß,
Dann geht sie auch bei Tage bloß,
Und ist doch nicht schöner geworden.
Je hässlicher wird ihr Gesicht,
Je mehr sucht sie des Tages Licht.
Ich seh wahrhaftig schon die Zeit,
Dass alle brave Bürgersleut',
Wie von einer angesteckten Leichen,
Von dir, du Metze! seitab weichen.
Dir soll das Herz im Leib verzagen,
Wenn sie dir in die Augen sehn!
Sollst keine goldne Kette mehr tragen!
In der Kirche nicht mehr am Altar stehn!
In einem schönen Spitzenkragen
Dich nicht beim Tanze wohlbehagen!
In eine finstre Jammerecken
Unter Bettler und Krüppel dich verstecken
Und, wenn dir dann auch Gott verzeiht,
Auf Erden sein vermaledeit!

MARTHE:
Befehlt Eure Seele Gott zu Gnaden!
Wollt Ihr noch Lästrung auf Euch laden?

VALENTIN:
Könnt ich dir nur an den dürren Leib,
Du schändlich kupplerisches Weib!
Da hofft ich aller meiner Sünden
Vergebung reiche Maß zu finden.

GRETCHEN:
Mein Bruder! Welche Höllenpein!

---

angesteckte Leiche: Leichnam mit infektiöser Krankheit

Metze: Hure, Prostituierte

goldne Kette: Sünderinnen und Prostituierte durften in der Öffentlichkeit keinen Goldschmuck tragen.

Der Tragödie erster Teil

VALENTIN:
    Ich sage, lass die Tränen sein!
    Da du dich sprachst der Ehre los,
    Gabst mir den schwersten Herzensstoß.
    Ich gehe durch den Todesschlaf
3775   Zu Gott ein als Soldat und brav.
    Stirbt.

Dom

Amt, Orgel und Gesang. Gretchen unter vielem Volke.
Böser Geist hinter Gretchen.

Amt:
hier Gottesdienst, Totenmesse

BÖSER GEIST:
    Wie anders, Gretchen, war dir's,
    Als du noch voll Unschuld
    Hier zum Altar tratst,
    Aus dem vergriffnen Büchelchen
3780   Gebete lalltest,
    Halb Kinderspiele,
    Halb Gott im Herzen!
    Gretchen!
    Wo steht dein Kopf?
3785   In deinem Herzen
    Welche Missetat?
    Bet'st du für deiner Mutter Seele, die
    Durch dich zur langen, langen Pein hinüberschlief?
    Auf deiner Schwelle wessen Blut?

durch ... hinüberschlief: vergiftet wurde

3790   – Und unter deinem Herzen
    Regt sich's nicht quillend schon
    Und ängstet dich und sich
    Mit ahnungsvoller Gegenwart?

GRETCHEN:
    Weh! Weh!
3795   Wär ich der Gedanken los,

Dom

Die mir herüber und hinüber gehen
Wider mich!

CHOR:
Dies irae, dies illa
Solvet saeclum in favilla.
Orgelton.

BÖSER GEIST:
800 Grimm fasst dich!
Die Posaune tönt!
Die Gräber beben!
Und dein Herz,
Aus Aschenruh
805 Zu Flammenqualen
Wieder aufgeschaffen,
Bebt auf!

GRETCHEN:
Wär ich hier weg!
Mir ist, als ob die Orgel mir
810 Den Atem versetzte,
Gesang mein Herz
Im Tiefsten löste.

CHOR:
Judex ergo cum sedebit,
Quidquid latet adparebit,
815 Nil inultum remanebit.

GRETCHEN:
Mir wird so eng!
Die Mauernpfeiler
Befangen mich!
Das Gewölbe
820 Drängt mich! – Luft!

BÖSER GEIST:
Verbirg dich! Sünd' und Schande
Bleibt nicht verborgen.

Dies ... favilla: Tag des Zorns, jener Tag, an dem sich die Erde in Asche auflöst

Posaune: Ankündigung des Jüngsten Gerichts

Judex ... remanebit: Wenn der Richter so zu Gericht sitzen wird, wird offenbar werden alles, was verborgen ist, wird nichts ungestraft bleiben.

Der Tragödie erster Teil

Luft? Licht?
Weh dir!

CHOR:

3825 Quid sum miser tunc dicturus?
Quem patronum rogaturus?
Cum vix justus sit securus.

BÖSER GEIST:

Ihr Antlitz wenden
Verklärte von dir ab.
3830 Die Hände dir zu reichen,
Schauert's den Reinen.
Weh!

CHOR:

Quid sum miser tunc dicturus?

GRETCHEN:

Nachbarin! Euer Fläschchen! –
Sie fällt in Ohnmacht.

> Quid … securus
> Was soll ich Elender dann sagen? Wen zu[r] Fürsprecher erbitten, da doc[h] der Gerechte kaum sicher ist?

> Fläschchen: Riechsalz zur Vermeidung vo[n] Ohnmacht

Walpurgisnacht

Harzgebirg. Gegend von Schierke und Elend.

Faust. Mephistopheles.

MEPHISTOPHELES:

3835 Verlangst du nicht nach einem Besenstiele?
Ich wünschte mir den allerderbsten Bock.
Auf diesem Weg sind wir noch weit vom Ziele.

FAUST:

Solang ich mich noch frisch auf meinen Beinen fühle,
Genügt mir dieser Knotenstock.
3840 Was hilft's, dass man den Weg verkürzt! –
Im Labyrinth der Täler hinzuschleichen,
Dann diesen Felsen zu ersteigen,
Von dem der Quell sich ewig sprudelnd stürzt,

Walpurgisnacht

    Das ist die Lust, die solche Pfade würzt!
3845 Der Frühling webt schon in den Birken,
    Und selbst die Fichte fühlt ihn schon;
    Sollt' er nicht auch auf unsre Glieder wirken?

MEPHISTOPHELES:
    Fürwahr, ich spüre nichts davon!
    Mir ist es winterlich im Leibe,
3850 Ich wünschte Schnee und Frost auf meiner Bahn.   *Bahn: Weg*
    Wie traurig steigt die unvollkommne Scheibe
    Des roten Monds mit später Glut heran
    Und leuchtet schlecht, dass man bei jedem Schritte
    Vor einen Baum, vor einen Felsen rennt!
3855 Erlaub, dass ich ein Irrlicht bitte!
    Dort seh ich eins, das eben lustig brennt.
    He da! mein Freund! darf ich dich zu uns fodern?   *fodern: fordern*
    Was willst du so vergebens lodern?
    Sei doch so gut und leucht uns da hinauf!

IRRLICHT:
3860 Aus Ehrfurcht, hoff ich, soll es mir gelingen,
    Mein leichtes Naturell zu zwingen;
    Nur zickzack geht gewöhnlich unser Lauf.

MEPHISTOPHELES:
    Ei! Ei! Er denkt's den Menschen nachzuahmen.
    Geh Er nur grad', in's Teufels Namen!
3865 Sonst blas ich Ihm Sein Flackerleben aus.

IRRLICHT:
    Ich merke wohl, Ihr seid der Herr vom Haus,
    Und will mich gern nach Euch bequemen.
    Allein bedenkt! der Berg ist heute zaubertoll,
    Und wenn ein Irrlicht Euch die Wege weisen soll,
3870 So müsst Ihr's so genau nicht nehmen.

FAUST, MEPHISTOPHELES, IRRLICHT *im Wechselgesang:*
    In die Traum- und Zaubersphäre
    Sind wir, scheint es, eingegangen.

Der Tragödie erster Teil

Führ uns gut und mach dir Ehre,
Dass wir vorwärts bald gelangen
In den weiten, öden Räumen!

Seh die Bäume hinter Bäumen,
Wie sie schnell vorüberrücken,
Und die Klippen, die sich bücken,
Und die langen Felsennasen,
Wie sie schnarchen, wie sie blasen!

Durch die Steine, durch den Rasen
Eilet Bach und Bächlein nieder.
Hör ich Rauschen? hör ich Lieder?
Hör ich holde Liebesklage,
Stimmen jener Himmelstage?
Was wir hoffen, was wir lieben!
Und das Echo, wie die Sage
Alter Zeiten, hallet wider.

Uhu! Schuhu! tönt es näher,
Kauz und Kiebitz und der Häher,
Sind sie alle wach geblieben?
Sind das Molche durchs Gesträuche?
Lange Beine, dicke Bäuche!
Und die Wurzeln, wie die Schlangen,
Winden sich aus Fels und Sande,
Strecken wunderliche Bande,
Uns zu schrecken, uns zu fangen;
Aus belebten derben Masern
Strecken sie Polypenfasern
Nach dem Wandrer. Und die Mäuse
Tausendfärbig, scharenweise,
Durch das Moos und durch die Heide!
Und die Funkenwürmer fliegen

Walpurgisnacht

    Mit gedrängten Schwärmezügen
3905   Zum verwirrenden Geleite.

    Aber sag mir, ob wir stehen,
    Oder ob wir weitergehen?
    Alles, alles scheint zu drehen,
    Fels und Bäume, die Gesichter
3910   Schneiden, und die irren Lichter,
    Die sich mehren, die sich blähen.

MEPHISTOPHELES:
    Fasse wacker meinen Zipfel!
    Hier ist so ein Mittelgipfel,
    Wo man mit Erstaunen sieht,
3915   Wie im Berg der Mammon glüht.

FAUST:
    Wie seltsam glimmert durch die Gründe
    Ein morgenrötlich trüber Schein!
    Und selbst bis in die tiefen Schlünde
    Des Abgrunds wittert er hinein.
3920   Da steigt ein Dampf, dort ziehen Schwaden,
    Hier leuchtet Glut aus Dunst und Flor,
    Dann schleicht sie wie ein zarter Faden,
    Dann bricht sie wie ein Quell hervor.
    Hier schlingt sie eine ganze Strecke
3925   Mit hundert Adern sich durchs Tal,
    Und hier in der gedrängten Ecke
    Vereinzelt sie sich auf einmal.
    Da sprühen Funken in der Nähe,
    Wie ausgestreuter goldner Sand.
3930   Doch schau! in ihrer ganzen Höhe
    Entzündet sich die Felsenwand.

MEPHISTOPHELES:
    Erleuchtet nicht zu diesem Feste
    Herr Mammon prächtig den Palast?

Mammon: gemeint sind die Mineral- und Erzvorkommen im Berg, auch Goldteufel

Der Tragödie erster Teil

Ein Glück, dass du's gesehen hast;
Ich spüre schon die ungestümen Gäste.

FAUST:

Wie rast die Windsbraut durch die Luft!
Mit welchen Schlägen trifft sie meinen Nacken!

MEPHISTOPHELES:

Du musst des Felsens alte Rippen packen,
Sonst stürzt sie dich hinab in dieser Schlünde Gruft.
Ein Nebel verdichtet die Nacht.
Höre, wie's durch die Wälder kracht!
Aufgescheucht fliegen die Eulen.
Hör, es splittern die Säulen
Ewig grüner Paläste.
Girren und Brechen der Äste!
Der Stämme mächtiges Dröhnen!
Der Wurzeln Knarren und Gähnen!
Im fürchterlich verworrenen Falle
Übereinander krachen sie alle,
Und durch die übertrümmerten Klüfte
Zischen und heulen die Lüfte.
Hörst du Stimmen in der Höhe?
In der Ferne, in der Nähe?
Ja, den ganzen Berg entlang
Strömt ein wütender Zaubergesang!

HEXEN *im Chor:*

    Die Hexen zu dem Brocken ziehn,
    Die Stoppel ist gelb, die Saat ist grün.
    Dort sammelt sich der große Hauf,
    Herr Urian sitzt oben auf.
    So geht es über Stein und Stock,
    Es f[arz]t die Hexe, es st[ink]t der Bock.

STIMME:

Die alte Baubo kommt allein,
Sie reitet auf einem Mutterschwein.

---

wütend: im Sinne von zerstörerisch, vernichtend

Herr Urian: der Teufel

Baubo: Figur der griechischen Mythologie; unzüchtige, unflätige Amme der Demeter

Walpurgisnacht

CHOR:
>So Ehre denn, wem Ehre gebührt!
>Frau Baubo vor! und angeführt!
>Ein tüchtig Schwein und Mutter drauf,
>Da folgt der ganze Hexenhauf.

STIMME:
Welchen Weg kommst du her?

STIMME:
>Übern Ilsenstein!

Da guckt ich der Eule ins Nest hinein.
Die macht' ein Paar Augen!

STIMME:
>O fahre zur Hölle!

Was reitst du so schnelle!

STIMME:
Mich hat sie geschunden,
Da sieh nur die Wunden!

HEXENCHOR:
>Der Weg ist breit, der Weg ist lang,
>Was ist das für ein toller Drang?
>Die Gabel sticht, der Besen kratzt,
>Das Kind erstickt, die Mutter platzt.

HEXENMEISTER. HALBES CHOR: *(Hexenmeister: männliche Hexe)*
>Wir schleichen wie die Schneck' im Haus,
>Die Weiber alle sind voraus.
>Denn, geht es zu des Bösen Haus,
>Das Weib hat tausend Schritt voraus.

ANDRE HÄLFTE:
>Wir nehmen das nicht so genau,
>Mit tausend Schritten macht's die Frau;
>Doch, wie sie auch sich eilen kann,
>Mit einem Sprunge macht's der Mann.

STIMME *oben:*
Kommt mit, kommt mit, vom Felsensee!

Der Tragödie erster Teil

STIMMEN *von unten:*
Wir möchten gerne mit in die Höh'.
Wir waschen, und blank sind wir ganz und gar;
Aber auch ewig unfruchtbar.
BEIDE CHÖRE:
3990   Es schweigt der Wind, es flieht der Stern,
      Der trübe Mond verbirgt sich gern.
      Im Sausen sprüht das Zauberchor
      Viel tausend Feuerfunken hervor.
STIMME *von unten:*
Halte! Halte!
STIMME *von oben:*
3995 Wer ruft da aus der Felsenspalte?
STIMME *unten:*
Nehmt mich mit! Nehmt mich mit!
Ich steige schon dreihundert Jahr
Und kann den Gipfel nicht erreichen.
Ich wäre gern bei meinesgleichen.
BEIDE CHÖRE:
4000   Es trägt der Besen, trägt der Stock,
      Die Gabel trägt, es trägt der Bock;
      Wer heute sich nicht heben kann,
      Ist ewig ein verlorner Mann.
HALBHEXE *unten:*
Ich tripple nach, so lange Zeit;
4005 Wie sind die andern schon so weit!
Ich hab zu Hause keine Ruh,
Und komme hier doch nicht dazu.
CHOR DER HEXEN:
      Die Salbe gibt den Hexen Mut,
      Ein Lumpen ist zum Segel gut,
4010   Ein gutes Schiff ist jeder Trog;
      Der flieget nie, der heut nicht flog.

Salbe:
Die Hexensalbe ist ein Gemisch aus Nachtschattengewächsen, das angeblich Halluzinationen und Flugvisionen auslöst.

Walpurgisnacht

BEIDE CHÖRE:
>Und wenn wir um den Gipfel ziehn,
>So streichet an dem Boden hin,
>Und deckt die Heide weit und breit
>Mit eurem Schwarm der Hexenheit.

Sie lassen sich nieder.

MEPHISTOPHELES:
>Das drängt und stößt, das ruscht und klappert!
>Das zischt und quirlt, das zieht und plappert!
>Das leuchtet, sprüht und stinkt und brennt!
>Ein wahres Hexenelement!
>Nur fest an mir! sonst sind wir gleich getrennt.
>Wo bist du?

FAUST *in der Ferne:*
>Hier!

MEPHISTOPHELES:
>Was! dort schon hingerissen?
>Da werd ich Hausrecht brauchen müssen.
>Platz! Junker Voland kommt. Platz! süßer Pöbel, Platz!
>Hier, Doktor, fasse mich! und nun, in e i n e m Satz,
>Lass uns aus dem Gedräng' entweichen;
>Es ist zu toll, sogar für meinesgleichen.
>Dort neben leuchtet was mit ganz besondrem Schein,
>Es zieht mich was nach jenen Sträuchen.
>Komm, komm! wir schlupfen da hinein.

Junker Voland: alter Teufelsname

FAUST:
>Du Geist des Widerspruchs! Nur zu! du magst mich führen.
>Ich denke doch, das war recht klug gemacht:
>Zum Brocken wandeln wir in der Walpurgisnacht,
>Um uns beliebig nun hieselbst zu isolieren.

MEPHISTOPHELES:
>Da sieh nur, welche bunten Flammen!

Der Tragödie erster Teil

Es ist ein muntrer Klub beisammen.
Im Kleinen ist man nicht allein.

FAUST:
Doch droben möcht ich lieber sein!
Schon seh ich Glut und Wirbelrauch.
Dort strömt die Menge zu dem Bösen;
Da muss sich manches Rätsel lösen.

MEPHISTOPHELES:
Doch manches Rätsel knüpft sich auch.
Lass du die große Welt nur sausen,
Wir wollen hier im Stillen hausen.
Es ist doch lange hergebracht,
Dass in der großen Welt man kleine Welten macht.
Da seh ich junge Hexchen nackt und bloß
Und alte, die sich klug verhüllen.
Seid freundlich, nur um meinetwillen;
Die Müh' ist klein, der Spaß ist groß.
Ich höre was von Instrumenten tönen!
Verflucht Geschnarr! Man muss sich dran gewöhnen.
Komm mit! Komm mit! Es kann nicht anders sein,
Ich tret heran und führe dich herein,
Und ich verbinde dich aufs Neue.
Was sagst du, Freund? das ist kein kleiner Raum.
Da sieh nur hin! du siehst das Ende kaum.
Ein Hundert Feuer brennen in der Reihe;
Man tanzt, man schwatzt, man kocht, man trinkt, man liebt;
Nun sage mir, wo es was Bessers gibt?

FAUST:
Willst du dich nun, um uns hier einzuführen,
Als Zauberer oder Teufel produzieren?

MEPHISTOPHELES:
Zwar bin ich sehr gewohnt, inkognito zu gehn,
Doch lässt am Galatag man seinen Orden sehn.

inkognito:
unerkannt

Walpurgisnacht

Ein Knieband zeichnet mich nicht aus,   *Knieband: Hosenbandorden*
Doch ist der Pferdefuß hier ehrenvoll zu Haus.
Siehst du die Schnecke da? Sie kommt herangekrochen;
Mit ihrem tastenden Gesicht
Hat sie mir schon was abgerochen.
Wenn ich auch will, verleugn' ich hier mich nicht.
Komm nur! von Feuer gehen wir zu Feuer,
Ich bin der Werber, und du bist der Freier.
Zu einigen, die um verglimmende Kohlen sitzen.
Ihr alten Herrn, was macht ihr hier am Ende?
Ich lobt euch, wenn ich euch hübsch in der Mitte
                                  fände,
Von Saus umzirkt und Jugendbraus;
Genug allein ist jeder ja zu Haus.

GENERAL:
Wer mag auf Nationen trauen,
Man habe noch so viel für sie getan!
Denn bei dem Volk, wie bei den Frauen,
Steht immerfort die Jugend oben an.

MINISTER:
Jetzt ist man von dem Rechten allzu weit,
Ich lobe mir die guten Alten;
Denn freilich, da wir alles galten,
Da war die rechte goldne Zeit.

PARVENÜ: *Parvenü: Emporkömmling*
Wir waren wahrlich auch nicht dumm,
Und taten oft, was wir nicht sollten;
Doch jetzo kehrt sich alles um und um,
Und eben da wir's fest erhalten wollten.

AUTOR:
Wer mag wohl überhaupt jetzt eine Schrift
Von mäßig klugem Inhalt lesen!
Und was das liebe junge Volk betrifft,
Das ist noch nie so naseweis gewesen.

Der Tragödie erster Teil

MEPHISTOPHELES *der auf einmal sehr alt erscheint:*
Zum Jüngsten Tag fühl ich das Volk gereift,
Da ich zum letzten Mal den Hexenberg ersteige,
Und weil mein Fässchen trübe läuft,
4095 So ist die Welt auch auf der Neige.

TRÖDELHEXE:
Ihr Herren, geht nicht so vorbei!
Lasst die Gelegenheit nicht fahren!
Aufmerksam blickt nach meinen Waren,
Es steht dahier gar mancherlei.
4100 Und doch ist nichts in meinem Laden,
Dem keiner auf der Erde gleicht,
Das nicht einmal zum tücht'gen Schaden
Der Menschen und der Welt gereicht.
Kein Dolch ist hier, von dem nicht Blut geflossen,
4105 Kein Kelch, aus dem sich nicht, in ganz gesunden Leib,
Verzehrend heißes Gift ergossen,
Kein Schmuck, der nicht ein liebenswürdig Weib
Verführt, kein Schwert, das nicht den Bund gebrochen,
Nicht etwa hinterrücks den Gegenmann durchstochen.

MEPHISTOPHELES:
4110 Frau Muhme! Sie versteht mir schlecht die Zeiten.
Getan, geschehn! Geschehn, getan!
Verleg' Sie sich auf Neuigkeiten!
Nur Neuigkeiten ziehn uns an.

FAUST:
Dass ich mich nur nicht selbst vergesse!
4115 Heiß ich mir das doch eine Messe!

MEPHISTOPHELES:
Der ganze Strudel strebt nach oben;
Du glaubst zu schieben und du wirst geschoben.

FAUST:
Wer ist denn das?

Fässchen trübe läuft: Am Boden eines Weinfasses sammelt sich die Hefe, die den Wein trübe macht.

Trödelhexe: eine Hexe, die teuflische Waren anbietet

Messe: Handelsplatz, Geschäft

Walpurgisnacht

MEPHISTOPHELES:
>Betrachte sie genau!
Lilith ist das.
FAUST:
>Wer?
MEPHISTOPHELES:
>Adams erste Frau.
120 Nimm dich in Acht vor ihren schönen Haaren,
Vor diesem Schmuck, mit dem sie einzig prangt.
Wenn sie damit den jungen Mann erlangt,
So lässt sie ihn so bald nicht wieder fahren.
FAUST:
Da sitzen zwei, die Alte mit der Jungen;
125 Die haben schon was Rechts gesprungen!
MEPHISTOPHELES:
Das hat nun heute keine Ruh.
Es geht zum neuen Tanz; nun komm! wir greifen zu.
FAUST *mit der Jungen tanzend:*
>Einst hatt ich einen schönen Traum:
Da sah ich einen Apfelbaum,
130 Zwei schöne Äpfel glänzten dran,   schöne Äpfel:
Sie reizten mich, ich stieg hinan.   weibliche Brüste
DIE SCHÖNE:
>Der Äpfelchen begehrt ihr sehr,
Und schon vom Paradiese her.
Von Freuden fühl ich mich bewegt,
135 Dass auch mein Garten solche trägt.
MEPHISTOPHELES *mit der Alten:*
>Einst hatt ich einen wüsten Traum;
Da sah ich einen gespaltnen Baum,
Der hatt ein [ungeheures Loch];
So [groß] es war, gefiel mir's doch.

Der Tragödie erster Teil

DIE ALTE:

4140   Ich biete meinen besten Gruß
Dem Ritter mit dem Pferdefuß!
Halt Er einen [rechten Propf] bereit,
Wenn Er [das große Loch] nicht scheut.

PROKTOPHANTASMIST:
Verfluchtes Volk! was untersteht ihr euch?
4145   Hat man euch lange nicht bewiesen:
Ein Geist steht nie auf ordentlichen Füßen?
Nun tanzt ihr gar, uns andern Menschen gleich!

DIE SCHÖNE *tanzend:*
Was will denn der auf unserm Ball?

FAUST *tanzend:*
Ei! der ist eben überall.
4150   Was andre tanzen, muss er schätzen.
Kann er nicht jeden Schritt beschwätzen,
So ist der Schritt so gut als nicht geschehn.
Am meisten ärgert ihn, sobald wir vorwärtsgehn.
Wenn ihr euch so im Kreise drehen wolltet,
4155   Wie er's in seiner alten Mühle tut,
Das hieß' er allenfalls noch gut;
Besonders wenn ihr ihn darum begrüßen solltet.

PROKTOPHANTASMIST:
Ihr seid noch immer da! Nein, das ist unerhört.
Verschwindet doch! Wir haben ja aufgeklärt!
4160   Das Teufelspack, es fragt nach keiner Regel.
Wir sind so klug, und dennoch spukt's in Tegel.
Wie lange hab ich nicht am Wahn hinausgekehrt,
Und nie wird's rein; das ist doch unerhört!

DIE SCHÖNE:
So hört doch auf, uns hier zu ennuyieren!

PROKTOPHANTASMIST:
4165   Ich sag's euch Geistern ins Gesicht,
Den Geistesdespotismus leid ich nicht;

Proktophantasmist: schwer zu übersetzende Namensschöpfung Goethes (Arsch-Hirn-Gespinstler). Dargestellt wird ein missgünstiger Rationalist.

Spuk von Tegel: Anspielung auf Friedrich Nicolai (1733–1811), der in der Figur des Proktophantasmisten der Lächerlichkeit preisgegeben wird. Nicolai hat sich mit Blutegeln von seinem Gespensterwahn kurieren lassen (s. Vers 4174 f.)

Walpurgisnacht

>Mein Geist kann ihn nicht exerzieren. exerzieren: einüben
>*Es wird fortgetanzt.*
>Heut', seh ich, will mir nichts gelingen;
>Doch eine Reise nehm ich immer mit
>Und hoffe noch, vor meinem letzten Schritt,
>Die Teufel und die Dichter zu bezwingen.

MEPHISTOPHELES:
>Er wird sich gleich in eine Pfütze setzen,
>Das ist die Art, wie er sich soulagiert, soulagieren: Linderung verschaffen
>Und wenn Blutegel sich an seinem Steiß ergetzen,
>Ist er von Geistern und von Geist kuriert.
>*Zu Faust, der aus dem Tanz getreten ist.*
>Was lässest du das schöne Mädchen fahren,
>Das dir zum Tanz so lieblich sang?

FAUST:
>Ach! mitten im Gesange sprang
>Ein rotes Mäuschen ihr aus dem Munde.

MEPHISTOPHELES:
>Das ist was Rechts! das nimmt man nicht genau;
>Genug, die Maus war doch nicht grau.
>Wer fragt darnach in einer Schäferstunde?

FAUST:
>Dann sah ich –

MEPHISTOPHELES:
>   Was?

FAUST:
>   Mephisto, siehst du dort
>Ein blasses, schönes Kind allein und ferne stehen?
>Sie schiebt sich langsam nur vom Ort,
>Sie scheint mit geschlossnen Füßen zu gehen.
>Ich muss bekennen, dass mir deucht,
>Dass sie dem guten Gretchen gleicht.

Der Tragödie erster Teil

MEPHISTOPHELES:

Lass das nur stehn! dabei wird's niemand wohl.
Es ist ein Zauberbild, ist leblos, ein Idol.
Ihm zu begegnen, ist nicht gut;
Vom starren Blick erstarrt des Menschen Blut,
Und er wird fast in Stein verkehrt,
Von der Meduse hast du ja gehört.

FAUST:

Fürwahr, es sind die Augen einer Toten,
Die eine liebende Hand nicht schloss.
Das ist die Brust, die Gretchen mir geboten,
Das ist der süße Leib, den ich genoss.

MEPHISTOPHELES:

Das ist die Zauberei, du leicht verführter Tor!
Denn jedem kommt sie wie sein Liebchen vor.

FAUST:

Welch eine Wonne! welch ein Leiden!
Ich kann von diesem Blick nicht scheiden.
Wie sonderbar muss diesen schönen Hals
Ein einzig rotes Schnürchen schmücken,
Nicht breiter als ein Messerrücken!

MEPHISTOPHELES:

Ganz recht! ich seh es ebenfalls.
Sie kann das Haupt auch unterm Arme tragen;
Denn Perseus hat's ihr abgeschlagen. –
Nur immer diese Lust zum Wahn!
Komm doch das Hügelchen heran,
Hier ist's so lustig wie im Prater;
Und hat man mir's nicht angetan,
So seh ich wahrlich ein Theater.
Was gibt's denn da?

SERVIBILIS:

                Gleich fängt man wieder an.
Ein neues Stück, das letzte Stück von sieben;

Meduse: mythologische Figur, deren Blick zu Stein erstarren lässt

Prater: Wiener Vergnügungspark

Servibilis: ein Dienstfertiger

So viel zu geben, ist althier der Brauch.
Ein Dilettant hat es geschrieben,
Und Dilettanten spielen's auch.
Verzeiht, ihr Herrn, wenn ich verschwinde;
Mich dilettiert's, den Vorhang aufzuziehn.

MEPHISTOPHELES:
Wenn ich euch auf dem Blocksberg finde,
Das find ich gut; denn da gehört ihr hin.

Walpurgisnachtstraum
oder
Oberons und Titanias goldne Hochzeit

Intermezzo

THEATERMEISTER:
Heute ruhen wir einmal,
Miedings wackre Söhne.
Alter Berg und feuchtes Tal,
Das ist die ganze Szene!

HEROLD:
Dass die Hochzeit golden sei,
Soll'n funfzig Jahr sein vorüber;
Aber ist der Streit vorbei,
Das golden ist mir lieber.

OBERON:
Seid ihr Geister, wo ich bin,
So zeigt's in diesen Stunden;
König und die Königin,
Sie sind aufs Neu verbunden.

PUCK:
Kommt der Puck und dreht sich quer
Und schleift den Fuß im Reihen,
Hundert kommen hinterher,
Sich auch mit ihm zu freuen.

Oberon und Titania: Die folgende Szene lehnt sich an Shakespeares Drama »Ein Sommernachtstraum« an, in dem die Elfen Oberon und Titania heiraten.

Mieding: Weimarer Bühnenbildner

wackre Söhne: Bühnenarbeiter

Puck: Kobold aus dem »Sommernachtstraum«

Der Tragödie erster Teil

ARIEL:
    Ariel bewegt den Sang
4240 In himmlisch reinen Tönen;
    Viele Fratzen lockt sein Klang,
    Doch lockt er auch die Schönen.

Ariel: Luftgeist aus Shakespeares Drama »Sturm«

OBERON:
    Gatten, die sich vertragen wollen,
    Lernen's von uns beiden!
4245 Wenn sich zweie lieben sollen,
    Braucht man sie nur zu scheiden.

TITANIA:
    Schmollt der Mann und grillt die Frau,
    So fasst sie nur behände,
    Führt mir nach dem Mittag Sie,
4250 Und Ihn an Nordens Ende.

grillen: seltsame Einfälle haben

ORCHESTER TUTTI *Fortissimo:*
    Fliegenschnauz' und Mückennas'
    Mit ihren Anverwandten,
    Frosch im Laub und Grill' im Gras,
    Das sind die Musikanten!

SOLO:
4255 Seht, da kommt der Dudelsack!
    Es ist die Seifenblase.
    Hört den Schneckeschnickeschnack
    Durch seine stumpfe Nase.

GEIST, DER SICH ERST BILDET:
    Spinnenfuß und Krötenbauch
4260 Und Flügelchen dem Wichtchen!
    Zwar ein Tierchen gibt es nicht,
    Doch gibt es ein Gedichtchen.

EIN PÄRCHEN:
    Kleiner Schritt und hoher Sprung
    Durch Honigtau und Düfte;

Walpurgisnachtstraum

Zwar du trippelst mir genung,
Doch geht's nicht in die Lüfte.

NEUGIERIGER REISENDER:
Ist das nicht Maskeraden-Spott?
Soll ich den Augen trauen?
Oberon den schönen Gott
Auch heute hier zu schauen!

ORTHODOX:
Keine Klauen, keinen Schwanz!
Doch bleibt es außer Zweifel:
So wie die Götter Griechenlands,
So ist auch er ein Teufel.

Orthodox: christlicher Moralist

NORDISCHER KÜNSTLER:
Was ich ergreife, das ist heut
Fürwahr nur skizzenweise;
Doch ich bereite mich beizeit
Zur italien'schen Reise.

PURIST:
Ach! mein Unglück führt mich her:
Wie wird nicht hier geludert!
Und von dem ganzen Hexenheer
Sind zweie nur gepudert.

Purist: prüder Kritiker

JUNGE HEXE:
Der Puder ist so wie der Rock
Für alt' und graue Weibchen;
Drum sitz ich nackt auf meinem Bock
Und zeig ein derbes Leibchen.

MATRONE:
Wir haben zu viel Lebensart,
Um hier mit euch zu maulen,
Doch, hoff ich, sollt ihr jung und zart,
So wie ihr seid, verfaulen.

Der Tragödie erster Teil

KAPELLMEISTER:
Fliegenschnauz' und Mückennas',
Umschwärmt mir nicht die Nackte!
Frosch im Laub und Grill' im Gras,
So bleibt doch auch im Takte!
WINDFAHNE *nach der einen Seite:*
Gesellschaft wie man wünschen kann.
Wahrhaftig lauter Bräute!
Und Junggesellen, Mann für Mann,
Die hoffnungsvollsten Leute.
WINDFAHNE *nach der andern Seite:*
Und tut sich nicht der Boden auf,
Sie alle zu verschlingen,
So will ich mit behändem Lauf
Gleich in die Hölle springen.
XENIEN:
Als Insekten sind wir da,
Mit kleinen scharfen Scheren,
Satan, unsern Herrn Papa,
Nach Würden zu verehren.
HENNINGS:
Seht, wie sie in gedrängter Schar
Naiv zusammen scherzen!
Am Ende sagen sie noch gar,
Sie hätten gute Herzen.
MUSAGET:
Ich mag in diesem Hexenheer
Mich gar zu gern verlieren;
Denn freilich diese wüsst ich eh'r
Als Musen anzuführen.
CI-DEVANT GENIUS DER ZEIT:
Mit rechten Leuten wird man was.
Komm, fasse meinen Zipfel!

Hennings: Name eines unbedeutenden Literaten, Zeitgenosse Goethes

Musaget: Musenführer, auch: Titel einer Gedichtsammlung, die Hennings herausgegeben hat

Ci-devant: früher

»Genius der Zeit«, Zeitung, die Hennings herausgab

Walpurgisnachtstraum

Der Blocksberg, wie der deutsche Parnass,
Hat gar einen breiten Gipfel.

NEUGIERIGER REISENDER:

Sagt, wie heißt der steife Mann?
Er geht mit stolzen Schritten.
Er schnopert, was er schnopern kann. –
›Er spürt nach Jesuiten.‹

KRANICH:

In dem Klaren mag ich gern
Und auch im Trüben fischen;
Darum seht ihr den frommen Herrn
Sich auch mit Teufeln mischen.

WELTKIND:

Ja für die Frommen, glaubet mir,
Ist alles ein Vehikel;
Sie bilden auf dem Blocksberg hier
Gar manches Konventikel.

Konventikel:
Geheimbund,
Sektiererbund

TÄNZER:

Da kommt ja wohl ein neues Chor?
Ich höre ferne Trommeln. –
›Nur ungestört! es sind im Rohr
Die unisonen Dommeln.‹

Dommel:
Vogel,
Reiherart

TANZMEISTER:

Wie jeder doch die Beine lupft!
Sich, wie er kann, herauszieht!
Der Krumme springt, der Plumpe hupft
Und fragt nicht, wie es aussieht.

FIEDLER:

Das hasst sich schwer, das Lumpenpack,
Und gäb sich gern das Restchen;
Es eint sie hier der Dudelsack,
Wie Orpheus' Leier die Bestien.

DOGMATIKER:

Ich lasse mich nicht irre schrein,

Der Tragödie erster Teil

Nicht durch Kritik noch Zweifel.
Der Teufel muss doch etwas sein;
Wie gäb's denn sonst auch Teufel?

IDEALIST:
Die Fantasie in meinem Sinn
Ist diesmal gar zu herrisch.
Fürwahr, wenn ich das alles bin,
So bin ich heute närrisch.

REALIST:
Das Wesen ist mir recht zur Qual
Und muss mich bass verdrießen;
Ich stehe hier zum ersten Mal
Nicht fest auf meinen Füßen.

SUPERNATURALIST:
Mit viel Vergnügen bin ich da
Und freue mich mit diesen;
Denn von den Teufeln kann ich ja
Auf gute Geister schließen.

SKEPTIKER:
Sie gehn den Flämmchen auf der Spur,
Und glaub'n sich nah dem Schatze.
Auf Teufel reimt der Zweifel nur,
Da bin ich recht am Platze.

KAPELLMEISTER:
Frosch im Laub und Grill' im Gras,
Verfluchte Dilettanten!
Fliegenschnauz' und Mückennas',
Ihr seid doch Musikanten!

DIE GEWANDTEN:
Sanssouci, so heißt das Heer
Von lustigen Geschöpfen;
Auf den Füßen geht's nicht mehr,
Drum gehn wir auf den Köpfen.

Supernaturalist jemand, der an Übersinnliches glaubt

Walpurgisnachtstraum

DIE UNBEHÜLFLICHEN:
Sonst haben wir manchen Bissen erschranzt,
Nun aber Gott befohlen!
Unsere Schuhe sind durchgetanzt,
Wir laufen auf nackten Sohlen.

IRRLICHTER:
Von dem Sumpfe kommen wir,
Woraus wir erst entstanden;
Doch sind wir gleich im Reihen hier
Die glänzenden Galanten.

STERNSCHNUPPE:
Aus der Höhe schoss ich her
Im Stern- und Feuerscheine,
Liege nun im Grase quer –
Wer hilft mir auf die Beine?

DIE MASSIVEN:
Platz und Platz! und ringsherum!
So gehn die Gräschen nieder,
Geister kommen, Geister auch,
Sie haben plumpe Glieder.

PUCK:
Tretet nicht so mastig auf
Wie Elefantenkälber,
Und der Plumpst' an diesem Tag
Sei Puck, der Derbe, selber.

ARIEL:
Gab die liebende Natur,
Gab der Geist euch Flügel,
Folget meiner leichten Spur,
Auf zum Rosenhügel!

ORCHESTER *Pianissimo:*
Wolkenzug und Nebelflor
Erhellen sich von oben.

Der Tragödie erster Teil

Luft im Laub und Wind im Rohr,
Und alles ist zerstoben.

Trüber Tag

Feld

Faust. Mephistopheles.
FAUST: Im Elend! Verzweifelnd! Erbärmlich auf der Erde lange verirrt und nun gefangen! Als Missetäterin im Kerker zu entsetzlichen Qualen eingesperrt das holde unselige Geschöpf! Bis dahin! dahin! – Verräterischer,
5 nichtswürdiger Geist, und das hast du mir verheimlicht! – Steh nur, steh! Wälze die teuflischen Augen ingrimmend im Kopf herum! Steh und trutze mir durch deine unerträgliche Gegenwart! Gefangen! Im unwiederbringlichen Elend! Bösen Geistern übergeben und
10 der richtenden gefühllosen Menschheit! Und mich wiegst du indes in abgeschmackten Zerstreuungen, verbirgst mir ihren wachsenden Jammer und lässest sie hilflos verderben!

MEPHISTOPHELES: Sie ist die Erste nicht.

15 FAUST: Hund! abscheuliches Untier! – Wandle ihn, du unendlicher Geist! wandle den Wurm wieder in seine Hundsgestalt, wie er sich oft nächtlicherweile gefiel, vor mir herzutrotten, dem harmlosen Wandrer vor die Füße zu kollern und sich dem niederstürzenden auf die
20 Schultern zu hängen. Wandl' ihn wieder in seine Lieblingsbildung, dass er vor mir im Sand auf dem Bauch krieche, ich ihn mit Füßen trete, den Verworfnen! – Die Erste nicht! – Jammer! Jammer! von keiner Menschenseele zu fassen, dass mehr als ein Geschöpf in die Tiefe
25 dieses Elends versank, dass nicht das erste genug tat für die Schuld aller übrigen in seiner windenden Todesnot

Qualen: Folter

trutzen: widerstehen

Trüber Tag

vor den Augen des ewig Verzeihenden! Mir wühlt es Mark und Leben durch, das Elend dieser Einzigen; du grinsest gelassen über das Schicksal von Tausenden hin!

MEPHISTOPHELES: Nun sind wir schon wieder an der Grenze unsres Witzes, da, wo euch Menschen der Sinn überschnappt. Warum machst du Gemeinschaft mit uns, wenn du sie nicht durchführen kannst? Willst fliegen und bist vorm Schwindel nicht sicher? Drangen wir uns dir auf oder du dich uns?

FAUST: Fletsche deine gefräßigen Zähne mir nicht so entgegen! Mir ekelt's! – Großer herrlicher Geist, der du mir zu erscheinen würdigtest, der du mein Herz kennest und meine Seele, warum an den Schandgesellen mich schmieden, der sich am Schaden weidet und am Verderben sich letzt?

MEPHISTOPHELES: Endigst du?

FAUST: Rette sie! oder weh dir! Den grässlichsten Fluch über dich auf Jahrtausende!

MEPHISTOPHELES: Ich kann die Bande des Rächers nicht lösen, seine Riegel nicht öffnen. – Rette sie! – Wer war's, der sie ins Verderben stürzte? Ich oder du?

Faust blickt wild umher.

Greifst du nach dem Donner? Wohl, dass er euch elenden Sterblichen nicht gegeben ward! Den unschuldig Entgegnenden zu zerschmettern, das ist so Tyrannenart, sich in Verlegenheiten Luft zu machen.

FAUST: Bringe mich hin! Sie soll frei sein!

MEPHISTOPHELES: Und die Gefahr, der du dich aussetzest? Wisse, noch liegt auf der Stadt Blutschuld von deiner Hand. Über des Erschlagenen Stätte schweben rächende Geister und lauern auf den wiederkehrenden Mörder.

Donner: Insignien des Göttervaters Zeus

Der Tragödie erster Teil

60 FAUST: Noch das von dir? Mord und Tod einer Welt über dich Ungeheuer! Führe mich hin, sag ich, und befrei sie!
MEPHISTOPHELES: Ich führe dich, und was ich tun kann, höre! Habe ich alle Macht im Himmel und auf Erden? Des Türners Sinne will ich umnebeln, bemächtige dich
65 der Schlüssel und führe sie heraus mit Menschenhand! Ich wache, die Zauberpferde sind bereit, ich entführe euch. Das vermag ich.
FAUST: Auf und davon!

> Türner (mhd): Türmer, *hier* Wächter der Gefangenen

Nacht. Offen Feld

Faust, Mephistopheles, auf schwarzen Pferden daherbrausend.
FAUST:
  Was weben die dort um den Rabenstein?
MEPHISTOPHELES:
4400 Weiß nicht, was sie kochen und schaffen.
FAUST:
  Schweben auf, schweben ab, neigen sich, beugen sich.
MEPHISTOPHELES:
  Eine Hexenzunft.
FAUST:
  Sie streuen und weihen.
MEPHISTOPHELES:
  Vorbei! Vorbei!

> Rabenstein: Richtplatz, auf dem die Enthauptungen durchgeführt wurden

Kerker

FAUST *mit einem Bund Schlüssel und einer Lampe, vor einem eisernen Türchen:*
4405 Mich fasst ein längst entwohnter Schauer,
  Der Menschheit ganzer Jammer fasst mich an.
  Hier wohnt sie, hinter dieser feuchten Mauer,

Kerker

Und ihr Verbrechen war ein guter Wahn!
Du zauderst, zu ihr zu gehen!
Du fürchtest, sie wiederzusehen!
Fort! Dein Zagen zögert den Tod heran.
Er ergreift das Schloss. Es singt inwendig.
> Meine Mutter, die Hur',
> Die mich umgebracht hat!
> Mein Vater, der Schelm,
> Der mich gessen hat!
> Mein Schwesterlein klein
> Hub auf die Bein',
> An einem kühlen Ort;
> Da ward ich ein schönes Waldvögelein;
> Fliege fort, fliege fort!

FAUST *aufschließend:*
Sie ahnet nicht, dass der Geliebte lauscht,
Die Ketten klirren hört, das Stroh, das rauscht.
Er tritt ein.

MARGARETHE *sich auf dem Lager verbergend:*
Weh! Weh! Sie kommen. Bittrer Tod!

FAUST *leise:*
Still! Still! ich komme, dich zu befreien.

MARGARETHE *sich vor ihn hinwälzend:*
Bist du ein Mensch, so fühle meine Not.

FAUST:
Du wirst die Wächter aus dem Schlafe schreien!
Er fasst die Ketten, sie aufzuschließen.

MARGARETHE *auf den Knien:*
Wer hat dir, Henker, diese Macht
Über mich gegeben!
Du holst mich schon um Mitternacht.
Erbarme dich und lass mich leben!
Ist's morgen früh nicht zeitig genung?
Sie steht auf.

Es:
Zwar singt Gretchen, das unpersönliche Personalpronomen zeigt aber, dass Gretchen ihre Stimme dem getöteten Kind leiht.

gessen: vergessen

Der Tragödie erster Teil

Bin ich doch noch so jung, so jung!
Und soll schon sterben!
Schön war ich auch, und das war mein Verderben.
Nah war der Freund, nun ist er weit;
Zerrissen liegt der Kranz, die Blumen zerstreut.
Fasse mich nicht so gewaltsam an!
Schone mich! Was hab ich dir getan?
Lass mich nicht vergebens flehen,
Hab ich dich doch mein Tage nicht gesehen!

FAUST:
Werd ich den Jammer überstehen?

MARGARETHE:
Ich bin nun ganz in deiner Macht.
Lass mich nur erst das Kind noch tränken.
Ich herzt es diese ganze Nacht;
Sie nahmen mir's, um mich zu kränken,
Und sagen nun, ich hätt es umgebracht.
Und niemals werd ich wieder froh.
Sie singen Lieder auf mich! Es ist bös von den Leuten!
Ein altes Märchen endigt so,
Wer heißt sie's deuten?

FAUST *wirft sich nieder:*
Ein Liebender liegt dir zu Füßen,
Die Jammerknechtschaft aufzuschließen.

MARGARETHE *wirft sich zu ihm:*
O lass uns knien, die Heil'gen anzurufen!
Sieh! unter diesen Stufen,
Unter der Schwelle
Siedet die Hölle!
Der Böse,
Mit furchtbarem Grimme,
Macht ein Getöse!

FAUST *laut:*
Gretchen! Gretchen!

Kerker

MARGARETHE *aufmerksam:*
Das war des Freundes Stimme!
Sie springt auf. Die Ketten fallen ab.
Wo ist er? Ich hab ihn rufen hören.
Ich bin frei! Mir soll niemand wehren.
An seinen Hals will ich fliegen,
An seinem Busen liegen!
Er rief: Gretchen! Er stand auf der Schwelle.
Mitten durchs Heulen und Klappen der Hölle,
Durch den grimmigen, teuflischen Hohn
Erkannt ich den süßen, den liebenden Ton.

FAUST:
Ich bin's!

MARGARETHE:
   Du bist's! O sag es noch einmal!
Ihn fassend.
Er ist's! Er ist's! Wohin ist alle Qual?
Wohin die Angst des Kerkers? der Ketten?
Du bist's! Kommst, mich zu retten!
Ich bin gerettet! –
Schon ist die Straße wieder da,
Auf der ich dich zum ersten Male sah.
Und der heitere Garten,
Wo ich und Marthe deiner warten.

FAUST *fortstrebend:*
Komm mit! Komm mit!

MARGARETHE:
    O weile!
Weil ich doch so gern, wo du weilest.
Liebkosend.

FAUST:
Eile!
Wenn du nicht eilest,
Werden wir's teuer büßen müssen.

Der Tragödie erster Teil

MARGARETHE:
Wie? du kannst nicht mehr küssen?
Mein Freund, so kurz von mir entfernt,
Und hast 's Küssen verlernt?
Warum wird mir an deinem Halse so bang?
Wenn sonst von deinen Worten, deinen Blicken
Ein ganzer Himmel mich überdrang
Und du mich küsstest, als wolltest du mich ersticken.
Küsse mich!
Sonst küss ich dich!
Sie umfasst ihn.
O weh! deine Lippen sind kalt,
Sind stumm.
Wo ist dein Lieben
Geblieben?
Wer brachte mich drum?
Sie wendet sich von ihm.

FAUST:
Komm! Folge mir! Liebchen, fasse Mut!
Ich herze dich mit tausendfacher Glut;
Nur folge mir! Ich bitte dich nur dies!

MARGARETHE *zu ihm gewendet:*
Und bist du's denn? Und bist du's auch gewiss?

FAUST:
Ich bin's! Komm mit!

MARGARETHE:
                Du machst die Fesseln los,
Nimmst wieder mich in deinen Schoß.
Wie kommt es, dass du dich vor mir nicht scheust? –
Und weißt du denn, mein Freund, wen du befreist?

FAUST:
Komm! komm! schon weicht die tiefe Nacht.

Kerker

MARGARETHE:
Meine Mutter hab ich umgebracht,
Mein Kind hab ich ertränkt.
War es nicht dir und mir geschenkt?
Dir auch. – Du bist's! ich glaub es kaum.
Gib deine Hand! Es ist kein Traum!
Deine liebe Hand! – Ach, aber sie ist feucht!
Wische sie ab! Wie mich deucht,
Ist Blut dran.
Ach Gott! was hast du getan!
Stecke den Degen ein,
Ich bitte dich drum!

FAUST:
Lass das Vergangne vergangen sein,
Du bringst mich um.

MARGARETHE:
Nein, du musst übrig bleiben!
Ich will dir die Gräber beschreiben.
Für die musst du sorgen
Gleich morgen;
Der Mutter den besten Platz geben,
Meinen Bruder sogleich darneben,
Mich ein wenig beiseit',
Nur nicht gar zu weit!
Und das Kleine mir an die rechte Brust.
Niemand wird sonst bei mir liegen! –
Mich an deine Seite zu schmiegen,
Das war ein süßes, ein holdes Glück!
Aber es will mir nicht mehr gelingen;
Mir ist's, als müsst ich mich zu dir zwingen,
Als stießest du mich von dir zurück;
Und doch bist du's und blickst so gut, so fromm!

Der Tragödie erster Teil

FAUST:
Fühlst du, dass ich es bin, so komm!
MARGARETHE:
Dahinaus?
FAUST:
Ins Freie.
MARGARETHE:
Ist das Grab drauß,
Lauert der Tod, so komm!
Von hier ins ewige Ruhebett
Und weiter keinen Schritt –
Du gehst nun fort? O Heinrich, könnt ich mit!
FAUST:
Du kannst! So wolle nur! Die Tür steht offen.
MARGARETHE:
Ich darf nicht fort; für mich ist nichts zu hoffen.
Was hilft es fliehn? Sie lauern doch mir auf.
Es ist so elend, betteln zu müssen,
Und noch dazu mit bösem Gewissen!
Es ist so elend, in der Fremde schweifen,
Und sie werden mich doch ergreifen!
FAUST:
Ich bleibe bei dir.
MARGARETHE:
Geschwind! Geschwind!
Rette dein armes Kind.
Fort! Immer den Weg
Am Bach hinauf,
Über den Steg,
In den Wald hinein,
Links, wo die Planke steht,
Im Teich.
Fass es nur gleich!

Kerker

Es will sich heben,
Es zappelt noch!
Rette! rette!

FAUST:

Besinne dich doch!
Nur einen Schritt, so bist du frei!

MARGARETHE:

Wären wir nur den Berg vorbei!
Da sitzt meine Mutter auf einem Stein,
Es fasst mich kalt beim Schopfe!
Da sitzt meine Mutter auf einem Stein
Und wackelt mit dem Kopfe;
Sie winkt nicht, sie nickt nicht, der Kopf ist ihr schwer,
Sie schlief so lange, sie wacht nicht mehr.
Sie schlief, damit wir uns freuten.
Es waren glückliche Zeiten!

FAUST:

Hilft hier kein Flehen, hilft kein Sagen,
So wag ich's, dich hinwegzutragen.

MARGARETHE:

Lass mich! Nein, ich leide keine Gewalt!
Fasse mich nicht so mörderisch an!
Sonst hab ich dir ja alles zulieb' getan.

FAUST:

Der Tag graut! Liebchen! Liebchen!

MARGARETHE:

Tag! Ja, es wird Tag! der letzte Tag dringt herein;
Mein Hochzeittag sollt es sein!
Sag niemand, dass du schon bei Gretchen warst.
Weh meinem Kranze!
Es ist eben geschehn!
Wir werden uns wiedersehn;
Aber nicht beim Tanze.
Die Menge drängt sich, man hört sie nicht.

Der Tragödie erster Teil

>Der Platz, die Gassen
>Können sie nicht fassen.
>Die Glocke ruft, das Stäbchen bricht.
>Wie sie mich binden und packen!
>Zum Blutstuhl bin ich schon entrückt.
>Schon zuckt nach jedem Nacken
>Die Schärfe, die nach meinem zückt.
>Stumm liegt die Welt wie das Grab!

Stäbchen: wurde über Verurteilten zerbrochen

Blutstuhl: Hinrichtungsstätte

FAUST:
>O wär ich nie geboren!

MEPHISTOPHELES *erscheint draußen:*
>Auf! oder ihr seid verloren.
>Unnützes Zagen! Zaudern und Plaudern!
>Meine Pferde schaudern,
>Der Morgen dämmert auf.

MARGARETHE:
>Was steigt aus dem Boden herauf?
>Der! der! Schick ihn fort!
>Was will der an dem heiligen Ort?
>Er will mich!

FAUST:
>   Du sollst leben!

MARGARETHE:
>Gericht Gottes! dir hab ich mich übergeben!

MEPHISTOPHELES *zu Faust:*
>Komm! komm! Ich lasse dich mit ihr im Stich.

MARGARETHE:
>Dein bin ich, Vater! Rette mich!
>Ihr Engel! Ihr heiligen Scharen,
>Lagert euch umher, mich zu bewahren!
>Heinrich! Mir graut's vor dir.

MEPHISTOPHELES:
>Sie ist gerichtet!

Kerker

STIMME *von oben:*
   Ist gerettet!
MEPHISTOPHELES *zu Faust:*
        Her zu mir!
Verschwindet mit Faust.
STIMME *von innen, verhallend:*
   Heinrich! Heinrich!

Sachinformationen

Alchemie

Die Alchemie bezeichnet eine Geheimlehre, die schon von Priestern im hellenistischen Griechenland ausgeübt und dann von den Arabern weiterentwickelt wurde. Im Mittelalter gelangte dieses Wissen mit den maurischen Eroberern nach Spanien und breitete sich in der Folge in ganz Europa aus. Im 18. Jahrhundert war die Alchemie besonders an Fürstenhöfen sehr beliebt, da man glaubte, mit ihrer Hilfe Gold herstellen zu können. Zum Grundbestand alchemistischer Überzeugungen gehörte die Vorstellung, dass man jedes Element verwandeln könne, »so dass die allemal durch Quecksilber und Schwefel gebildeten Metalle aus unedleren zu edleren (etwa aus Blei zu Gold) geläutert und veredelt werden könnten – mittels eines als Pulver oder Flüssigkeit beschriebenen universellen Geheimpräparats, das man den ›Stein der Weisen‹ nannte« (Schöne 1999, S. 237). Zur Herstellung des »Steins der Weisen« sind nach der alchemistischen Überlieferung einige Ingredienzien notwendig: »der rote Leu (rötliches = männliches Quecksilberoxid), und die Lilie (weiße = weibliche Salzsäure bzw. der weißliche Nebel, zu dem sich Salzsäure und Ammoniakdämpfe verbinden). Zu deren Vermählung im Brautgemach von Retorten und Sublimiertöpfen[1] wird das ›nach dem roten Manne‹ begierige; weiche zärtliche Weiblein bis zur Weisse gewaschen' man legt beide »in ein wohl verschlossenes Ehebette und reizt sie durch Feuer« (ebenda, S. 238). Am Ende entstand aus dieser Zusammenfügung sich eigentlich abstoßender Elemente die sogenannte »junge Königin im Glas« (Faust I, Vers 1047). Es ist bekannt, dass dieses Substrat häufig zur Behandlung von Tumoren, Zysten und sonstigen Geschwüren eingesetzt wurde. Wurde allerdings eine falsche Dosis gewählt, endete das für den Patienten zumeist tödlich.

Als sich im Laufe des achtzehnten Jahrhunderts die Naturwissenschaften etablierten, geriet die Alchemie, die man nun als obskure Geheimlehre begriff, immer stärker in Verruf. Eine Quelle aus dem frühen 19. Jahrhundert schildert diesen allgemeinen Ansehensverlust:

»Nach dem ersten Viertel des 18. Jahrhunderts verlor jedoch endlich die Alchemie allmählich ihr Ansehen, ihren Wert und ihre Wichtigkeit. Zwar behielt man zunächst noch ziemlich allgemein den Glauben an die Möglichkeit der Metallverwandlung im Sinne der Alchemisten bei [...]. Dabei begnügte man sich mit bloßen auf Theosophie und andere mystische Lehren gegründeten Spekulationen, oder tröstete sich bei dem fortdauerndem Mißlingen der alchemistischen Versuche mit der Hoffnung, es sei die geheime Kunst nicht untergegangen, sondern sie entziehe sich nur der Verfolgung der Welt, erbe sich fort im Stillen von Adept zu Adept [...]. Also entzogen sich die fahrenden Alchemisten immer mehr den höchsten, höheren und überhaupt gebildeten Kreisen, ja selbst der Pub-

Sachinformationen

lizität; denn wo sie auftauchten, kamen und verschwanden sie namenlos.« (Wackenroder 1839, S. 12)

Zu einem Zeitpunkt, in dem die Alchemie ihren Status als ernstzunehmende Wissenschaft schon längst verloren hatte, beschäftigte sich Goethe während seiner Studentenzeit mit ihr. Er las die Werke berühmter Alchemisten wie Welling, Paracelsus und Valentinus. In seinen späteren Erinnerungen blickt Goethe skeptisch auf diese Studien zurück: Er betrachtet sie nunmehr als pseudowissenschaftlichen Aberglauben. Allerdings gesteht er der Alchemie noch einen poetischen Wert zu: »Es führt zu sehr angenehmen Betrachtungen, wenn man den poetischen Teil der Alchymie, wie wir ihn wohl nennen dürfen, mit freiem Geist betrachtet. Wir finden ein aus allgemeinen Begriffen entspringendes, auf einen gehörigen Naturgrund aufgebautes Märchen.« (Goethe HA, S. 79). Man nimmt an, dass Goethes Idee, die Faustfigur literarisch zu bearbeiten, in dieser Zeit intensiver Beschäftigung mit Alchemie und Geheimlehren entstanden ist.

1   Töpfe zur Trennung fester, flüssiger und gasförmiger Stoffe

Literatur

Aldersey-Williams, Hugh: Das wilde Leben der Elemente: Eine Kulturgeschichte der Chemie. München: Hanser 2011.

Doberer, Kurt K.: Die Goldmacher: zehntausend Jahre Alchemie. München: Universitas-Verlag 2003.

Goethe, Johann Wolfgang: Naturwissenschaftliche Schriften. Zweiter Teil. Materialien zur Geschichte der Farbenlehre. In: ders.: Werke. Hamburger Ausgabe in 14 Bänden. Herausgegeben von Erich Trunz. München: Beck 1981–1988.

Priesner, Claus: Der junge Goethe, die Alchemie und die Anfänge des »Faust«. In: Faust I. Zwischen Tradition und Modernität. Straßburg: Press Univ. 2010, S. 176–215.

Priesner, Claus: Geschichte der Alchemie. München: Beck, 2011.

Wackenroder, Heinrich: Historische Skizze der Alchemie. Hannover: Hahnsche Hofbuchhandlung 1839.

Entelechie

Dieser aus der aristotelischen Philosophie übernommene Begriff wird im 18. Jahrhundert intensiv diskutiert. Mit ihm verbindet sich die Vorstellung, dass jedes Lebewesen von einem inneren Kraftzentrum geprägt wird, das die Entwicklungslinien und -möglichkeiten seines Lebens festlegt: Jeder Mensch, so könnte man sagen, trägt in sich ein ihm eigenes Programm, das die Möglichkeiten seiner inneren Erfüllung festschreibt. Jedes Leben hat demnach einen ihm vorgegebenen Sinn und unterliegt nicht allein den äußeren Umständen. Auf diese Weise widerspricht der Entelechie-Gedanke der rationalistisch-mechanistischen Weltauffassung der Naturwissenschaften.

Diese Vorstellung einer universell wirkenden Entelechie bildet einen wichtigen Bestandteil in Goethes Natur- und Weltauffassung. In einem Gespräch mit Eckermann erklärt er:

»Jede Entelechie ist ein Stück Ewigkeit, und die paar Jahre, die sie mit dem menschlichen Körper verbunden ist, machen sie nicht alt. Ist diese Entelechie geringer Art, so wird sie während ihrer körperlichen Verdüsterung wenig Herrschaft ausüben (...). Ist aber die Entelechie mächtiger Art, wie es bei allen genialen Naturen der Fall ist, so wird sie, bei ihrer belebenden Durchdringung des Körpers, nicht allein auf dessen Organisation kräftigend und veredelnd einwirken, sondern sie wird auch, bei ihrer geistigen Übermacht, ihr Vorrecht einer ewigen Jugend fortwährend gelten zu machen suchen.« (Eckermann 1884, S. 165)

Hier sieht man, dass Goethe die Entelechie als eine überzeitliche Energie begreift, die sich in jedem Menschen unterschiedlich stark niederschlägt. Sie ist auf diese Weise der Beweis, dass der Mensch, da er Teil der Entelechie ist, auch nach seinem Tod fortbestehen wird. Entelechie wird als eine Energie verstanden, die innerhalb des Menschen wirkt. Die ihrem Wesen nach energetische Wirkung der Entelechie realisiert sich nur in der Handlung des Menschen. Faulheit und Resignation

Sachinformationen

sind daher die größten Gefahren für die im Sinne der Entelechie organisierte Schöpfung. Das Entelechie-Konzept kann daher auch als Gegenprogramm zur christlichen Verurteilung des Handelnden gelesen werden.

Literatur

Eckermann, Johann Peter: Gespräche mit Goethe in den letzten Jahren seines Lebens. Leipzig: Reclam 1884.

Hilgers, Klaudia (Hrsg.): Entelechie, Monade und Metamorphose: Formen der Vervollkommnung im Werk Goethes. München: Fink 2002.

Thielicke, Helmut: Glauben und Denken in der Neuzeit: Die großen Systeme der Theologie und Religionsphilosphie. Tübingen: Mohr 1988.

Ulfig, Alexander: Lexikon der philosophischen Begriffe. Köln: Komet 2003.

Hexerei und Hexenverfolgung

Die Hexenverfolgung begann im 14. Jahrhundert und dauerte bis zum Ende des 18. Jahrhunderts. Sie ging in erster Linie von der katholischen Kirche aus und wurden der Inquisition übertragen. Das war ein Gericht, das meist aus Geistlichen bestand oder von diesen in Auftrag gegeben wurde. Das Verfahren der Hexenverfolgung wurde in verschiedenen Handreichungen genau festgeschrieben. Die berühmteste, der »Hexenhammer«, wurde von zwei Dominikanern im Jahr 1487 angefertigt. In den Verhören wurden vor allem Frauen beschuldigt, Abtreibungen und Empfängnisverhütungen durchgeführt zu haben.

Man warf den Hexen vor, dass sie über schwarzmagische Fähigkeiten verfügten, die sie anders als die weiße Magie nicht zum Wohl, sondern zum Schaden anderer einsetzten: Ein eingenähter Knoten in der Hosentasche sollte Männer unfruchtbar machen, eine mit der Nadel durchstoßene Puppe Totgeburten bewirken und das Verbrennen geheimer Substanzen Missernten hervorbringen. Die Zahl der Opfer, zumeist Frauen, die lebendig verbrannt wurden, lässt sich nicht genau belegen.

Hexerei und Hexenverfolgung

Man schätzt, dass bis zu einer Million Menschen ermordet wurden. Die Motive der Hexenverfolgung waren dabei selten religiöser Natur. Diese Taten wurden vor allem deshalb so grausam verfolgt, weil sie den Bedarf der neuzeitlichen Staaten an hohen Geburtenzahlen bedrohten, die man für Wirtschaft und Militär brauchte. Dadurch erklärt sich auch, dass ein Großteil der Hexenprozesse ab dem 16. Jahrhundert nicht mehr vor kirchlichen, sondern vorwiegend vor weltlichen Gerichtshöfen durchgeführt wurde.

Eine der wesentlichen Annahmen der Inquisition war, dass Frauen, denen man eine hohe sinnliche Verführbarkeit unterstellte, sich schneller dem Teufel ergeben würden. Hier wirkten offensichtlich Geschlechterstereotypen nach: Eva verführte laut Bibel Adam, den Apfel vom Baum der Erkenntnis zu essen. Eine weitere Annahme bestand darin, dass die Hexerei nicht allein, sondern im Rahmen kultischer Hexenversammlungen wie der Walpurgisnacht gemeinsam mit anderen betrieben wurde. Die Hexenverfolgung hatte klare Vorstellungen über den Ablauf dieser Hexenversammlungen, an denen die Beschuldigten teilgenommen haben sollten.

»Also traf man sich im Dunkel der Nacht an abgelegenen Orten zusammen, häufig nach einem Flug durch die Luft, huldigte mit obszönen Küssen dem Teufel, der als ein bleicher oder schwarzer oder stark behaarter Mann, oft auch in Tiergestalt erschien; betete ihn an und sagte sich vom Christengott los, verhöhnte die heiligen Sakramente, hielt in vielen Fällen eine rituelle Mahlzeit ab, führte dann wilde Tänze auf und verübte schließlich die schändlichste Unzucht.« (Schöne, 1998, S. 128)

In den mit festen Fragekatalogen ausgestatteten Verhören werden diese Abläufe von den Angeklagten bestätigt, weil sie gefoltert wurden. Da die Hexengemeinschaft als satanische Umkehrung der christlichen Gemeinschaft vorgestellt wurde, war es ein Ziel der Verfolger, die Verhörten dazu zu bringen, möglichst viele andere Frauen zu denunzieren. Sie wurden also nicht nur dazu gebracht, ihre Hexerei zu gestehen, sondern auch andere zu belasten. Ein Hexenprozess bildete somit nur den Auftakt zu einer großen Zahl weiterer Verfahren. Dieses System aus Folter und Denunziation erklärt die hohen Opferzahlen. In der von Goethe aus dem Faust gestrichenen Hochgerichtsszene, in der am Ende der Walpurgisnachtszene der Prozess gegen Gretchen gezeigt wird, taucht diese furchtbare Praxis wieder auf. Dort heißt es: »Ein Blutquell rieselt nie allein / Es laufen andre Bächlein drein« (Goethe GA, S. 618).

Literatur

Goethe, Johann Wolfgang: Gesamtausgabe der Werke und Schriften in zweiundzwanzig Bänden (GA). Band 5: Goethes poetische Werke. Stuttgart: Cotta 1963.

Levack, Brian P.: Hexenjagd: Die Geschichte der Hexenverfolgung in Europa. München: Beck 2009.

Roper, Lyndal: Hexenwahn: Geschichte einer Verfolgung. München: Beck 2007.

Rummel, Walter: Hexen und Hexenverfolgung in der Frühen Neuzeit. Darmstadt: Wiss. Buchgesellschaft 2012.

Schöne, Albrecht: Götterzeichen, Liebeszauber, Satanskult: neue Einblicke in alte Goethetexte. München: Beck 1993.

Historischer Faust und Faustbücher

Der von Goethe bearbeitete Stoff geht in seinen Ursprüngen zurück auf eine historische Gestalt, die zwischen 1460 und 1540 in Süddeutschland gelebt haben soll. Um diese Person ranken sich viele Gerüchte und Sagen, deren Wahrheitsgehalt durch die vorwiegend mündliche Überlieferung nur schwer zu rekonstruieren ist. So viel weiß man jedoch: Gegen 1480 soll sich Faust an der Universität von Heidelberg eingeschrieben haben. Nach seinem Magisterabschluss soll er dann als Wandergelehrter durch Süddeutschland gezogen sein und dort verschiedene magische und astrologische Dienste angeboten haben. Schon früh band sich an diese düstere Aura des

Historischer Faust und Faustbücher

Schwarzmagiers und Wunderheilers das Gerücht, Faust hätte diese Fähigkeiten aus einem Bündnis mit dem Teufel gewonnen. So wird diese historische Figur zum Bezugspunkt der grassierenden Hexen- und Teufelsfurcht.

Schon wenige Jahrzehnte nach dem Tod des historischen Faust erscheint die erste literarische Bearbeitung des Stoffes: das Faustbuch »Historia von D. Johann Fausten«, das 1587 von dem Buchdrucker Johann Spies in Frankfurt gedruckt wurde. Es versammelt eine Fülle von Quellen, die sich auf das Teufelsbündnis beziehen. Dieses Faustbuch, das später auch häufig als Volksbuch bezeichnet wird, muss als theologische Warnschrift gelesen werden, die ihre Leser davon abhalten möchte, sich mit dem Teufel und seinen Dienern einzulassen. In diesem Werk wird die reformatorische Idee Martin Luthers verarbeitet, dass der Mensch in seinem Wesen sittlich verfallen sei und er nur durch den Glauben (»sola fide«) zu retten sei. Das Faustbuch illustriert dies in dem Sinne, dass in umgekehrter Weise allein das Bündnis des Menschen mit diabolischen Kräften reiche, um ihn der ewigen Verdammnis zu überantworten. Die Sünde Fausts, vor der der unbekannte Autor des Faustbuchs warnen möchte, ist Fausts Abkehr von der göttlichen Gnade. Damit verbindet sich die Mahnung, der Mensch möge sich – anders als Faust – seiner Grenzen bewusst sein. Auch Faust, der sich über die anderen Menschen erheben wollte, wurde in dieser Überlieferung auf diese Weise bestraft. Zudem soll der Mensch nicht versuchen, der Welt ihre Geheimnisse zu entlocken. Das Faustbuch ist in diesem Sinne auch eine Warnung vor der zunehmenden Lust der frühen Neuzeit an wissenschaftlichen Entdeckungen.

Ein nächster großer Schritt in der literarischen Entwicklung des Stoffs war die Bearbeitung des Stoffs durch den englischen Dramatiker Christopher Marlowe »The Tragicall History of D. Faustus«. Dessen Werk entstand ungefähr zur gleichen Zeit wie das Faustbuch und nutzt eine englische Übersetzung

Sachinformationen

aus dem Jahr 1592. Marlowes Faust unterscheidet sich allerdings sehr von der deutschen Vorlage: Während Faust dort als Negativ-Figur gestaltet wurde, die vor allem durch ihren theologischen Frevel bestimmt wurde, ist Marlowes Faust ein kraftstrotzender Tatmensch, der die engen Schranken seiner Zeit selbstbewusst überschreitet. In diesem Faust artikuliert sich das ungehemmte Bedürfnis nach Wissen, Macht und Genuss, das die Welt daraufhin befragt, was sie ihm zu bieten hat. Die Welt wird nicht mehr, wie es in der mittelalterlichen Tradition üblich war, als dunkel und sündig betrachtet, sondern als ein Ort voller Wunder und Geheimnisse, die der Mensch zu erleben und zu entdecken vermag.

Es wurde lange diskutiert, ob Goethe das Drama Marlowes gekannt hat. Die vielen Überschneidungen und Ähnlichkeiten sprechen dafür, die Tatsache, dass Marlowes Werk lange verschollen war, dagegen. Man nimmt derzeit an, dass Goethe Marlowes Bearbeitung durch die Puppenspiele kennen gelernt hat, die er schon als Junge in Frankfurt besucht hatte.

Literatur

Hippe, Robert: Stoffe der Weltliteratur: Erläuterungen zu Faust: Das Volksbuch, Christopher Marlowe, Lessing, Goethes »Urfaust«, Paul Valéry. Hollfeld/Ofr.: Bange 1980.

Kiesewetter, Carl: Faust in der Geschichte und Tradition: Mit besonderer Berücksichtigung des occulten Phänomenalismus und des mittelalterlichen Zauberwesens. Osnabrück: Kuballe 1983.

Kreutzer, Hans Joachim: Der Mythos vom Volksbuch: Studien zur Wirkungsgeschichte des frühen deutschen Romans seit der Romantik. Stuttgart: Metzler 1977.

Mahal, Günther: Faust: Untersuchungen zu einem zeitlosen Thema. Neuried: Ars Una 1998.

Petzoldt, Leander: Das Volksbuch von Doktor Faust: 1587; mit Materialien. Stuttgart [u. a.]: Klett 1996.

Kindsmörderinnen

Um die für das Drama entscheidende Gretchenhandlung verstehen zu können, in der dargestellt wird, wie Margarethe ihr Kind umbringt und dafür zum Tode verurteilt wird, muss man die sozialen Umstände des 18. Jahrhunderts kennen, weil sich anhand des Umgangs der Gesellschaft mit diesem Problem die widerstrebenden Tendenzen der Zeit zeigen lassen. Auf der einen Seite sorgte die Aufklärung für ein zunehmendes Maß an Freiheit von den sozialen Barrieren der engen moralischen Vorgaben religiöser und gesellschaftlicher Traditionen. Auf der anderen Seite waren, auch wenn sich diese Freiheiten immer deutlicher zeigten, die alten gesellschaftlichen Praktiken keineswegs verschwunden. Die über Jahrhunderte verfestigte Unterdrückung der Frau, die in erster Linie eine Unterdrückung der weiblichen Sexualität war, prägte noch immer die Lebenswirklichkeit der Menschen. In diese gewohnheitsmäßige Unterdrückung des Weiblichen fügt sich auch die Strategie ein, die Frau auf das Ideal der »unschuldigen Heiligen« festzulegen. Diese erzwungene Leugnung weiblicher Lust und Sinnlichkeit hatte für die Frauen schreckliche Folgen, weil sie von vornherein genuss- und lustbezogenen Handlungen jede Akzeptanz entzog. Das Phänomen der Kindstötung wird verständlich, wenn man das Ritual der Kirchenbuße kennt, das üblicherweise vollzogen wurde, wenn eine Frau außerehelich schwanger wurde. Bis spät ins achtzehnte Jahrhundert hinein war es Brauch, die Frau öffentlich zu entehren. Sie musste ein Büßerhemdchen tragen und wurde so der gesamten Kirchengemeinde vorgeführt. Nach dieser Stigmatisierung gab es für die Frau kaum eine Möglichkeit, sich in die Gesellschaft wieder zu integrieren, da ihr Verhalten als unverzeihlich galt. Der Wunsch, den fatalen Folgen der Kirchenbuße zu entgehen, war wohl das entscheidendste Motiv für die Kindstötungen. Dennoch wurde dieser Brauch noch lange beibehalten, weil man fürchtete, sonst sexuelle Zügellosigkeit zu befördern.

Sachinformationen

Das Schicksal junger Frauen, die außerehelich schwanger wurden, wurde zu einem beliebten Gegenstand der zeitgenössischen Literatur, weil sich in ihm der Konflikt zwischen individuellem Freiheitsstreben und gesellschaftlicher Repression besonders deutlich zeigen ließ. Zu den bekanntesten Bearbeitungen des Motivs zählen Heinrich Leopold Wagners »Die Kindermörderin« (1776), Lenz' Erzählung »Zerbin oder die neuere Philosophie« (1776) und Bürgers Ballade »Des Pfarrers Tochter von Taubenhain« (1782). Goethe wurde selbst mehrfach mit diesem Thema konfrontiert. Seine Bearbeitung im »Faust« orientiert sich besonders an dem Fall der Kindsmörderin Susanna Margaretha Brandt, den er selbst als junger Mann in Frankfurt aus unmittelbarer Nähe beobachten konnte.

Literatur

Birkner, Siegfried: Goethes Gretchen: Das Leben und Sterben der Kindsmörderin Susanna Margaretha Brandt. Frankfurt a. M.: Insel Verlag 1999.

Dülme, Richard: Frauen vor Gericht: Kindsmord in der frühen Neuzeit. Frankfurt a. M.: Fischer 1991.

Gerig, Maya: Jenseits von Tugend und Empfindsamkeit: Gesellschaftspolitik im Frauenroman um 1800. Köln: Böhlau, 2008.

Peters, Kirsten: Der Kindsmord als schöne Kunst betrachtet: Eine motivgeschichtliche Untersuchung der Literatur des 18. Jahrhunderts. Würzburg: Königshausen & Neumann 2001.